AF460389

Fédération suisse des syndicats d'élevage de la race tachetée rouge

Rapport de gestion

pour

l'année 1928

Tirage à part de l'Annuaire agricole de la Suisse 1929

Berne
Imprimerie fédérative S. A.
1929

Fédération suisse des syndicats d'élevage de la race tachetée rouge.

Rapport de gestion pour l'année 1928.

I. Généralités.

L'année écoulée ne peut de nouveau pas être comptée parmi les bonnes. D'une façon générale, la végétation part d'assez bonne heure au printemps, mais elle est ralentie en mai et en juin par de froides pluies. Le beau temps fixe ne commence guère avant le 21 juin. La situation change cependant du tout au tout après le plus long jour de l'année, au point qu'une très forte chaleur et une extraordinaire sécheresse sévissent durant les mois de juillet et d'août. Grâce aux fortes précipitations du commencement de l'été, la récolte de foin est généralement satisfaisante, bien qu'inférieure à celle de l'année précédente. La récolte de regain laisse à désirer, du fait de la sécheresse; dans plusieurs régions du pays, notamment dans la Suisse romande, elle est nulle et les paysans doivent recourir au fourrage sec en juillet déjà. Par contre, les pâturages alpestres sont excellents; ils doivent cependant être abandonnés de bonne heure dans certaines localités, non pas à cause de la pénurie d'herbe, mais à cause du manque d'eau. En général, le bétail redescend à la plaine en bonne condition. L'automne est très favorable à la croissance de l'herbe et le pâturage peut être largement utilisé. On fauche même jusque bien avant dans le mois de novembre. Cependant, de la pénurie de fourrage vert en juillet et en août résulte une forte offre sur tous les grands marchés de bétail en automne. Aussi les prix subissent-ils une nouvelle baisse, ce que les éleveurs des régions d'élevage typiques, bien situées, où les terres sont chères, ressentent douloureusement. La situation telle qu'elle se présentait pendant les mois de juillet et d'août ne laissait pas prévoir une telle baisse des prix, à cause de la forte sécheresse qui régnait alors. La demande de la Suisse romande notamment pour le bétail d'élevage fait défaut, la sécheresse ayant été la plus forte dans cette partie-là du pays.

Le *comité de la Fédération* tient trois séances durant l'année du rapport, le 22 mars, le 14 juillet et le 16 novembre. Le *comité directeur* n'en tient que deux et la *commission du marché* trois. Cette dernière se réunit encore deux fois avec le comité. Finalement, la *commission spéciale pour l'organisation de la conférence des juges*, qui doit avoir lieu en mai 1929, tient sa première séance le 16 octobre.

Les principales questions traitées par le comité de la Fédération sont les suivantes:

1. Adoption des comptes et du rapport de gestion pour l'année 1927.
2. Programme du XXXe marché-concours de taureaux, nomination du jury, organisation du marché.
3. Attitude de la Fédération vis-à-vis d'une proposition de la Fédération des syndicats d'élevage chevalin de Berne et des cantons avoisinants, concernant l'organisation d'une exposition à Berne.
4. Collaboration de la Fédération à la vente du premier numéro spécial de zootechnie des «Schweizerische landwirtschaftliche Monatsblätter».
5. Attitude de la Fédération vis-à-vis de la proposition de la Fédération d'élevage de bétail des Alpes du Simmental et d'économie alpestre, d'établir une station d'élevage et de vente de bétail à l'étranger.
6. Continuation de la construction de chemins sur l'emplacement du marché à Ostermundigen.
7. Extension du contrôle laitier.
8. Inspection et concours de tenue des registres généalogiques des syndicats fédérés.
9. Rapport au Vorort de la Société suisse d'industrie et de commerce, à Zurich, sur le commerce du bétail dans le rayon de la race tachetée rouge.
10. Admission de syndicats.

La XXXe *assemblée des délégués de la Fédération* a lieu le 8 décembre, au «Bürgerhaus» à Berne. Elle est plus fréquentée que toutes les précédentes, les syndicats fédérés y étant représentés par 256 délégués officiels. Quelques syndicats y envoient même chacun plusieurs représentants, de sorte que l'assemblée compte plus de 400 participants, y compris les membres du comité de la Fédération et les nombreux invités.

L'ordre du jour est le suivant:

1. Allocution du président.
2. Procès-verbal de l'assemblée des délégués du 10 décembre 1927.
3. Comptes et rapport de gestion pour l'exercice 1927.
4. Election du comité.
5. Remaniement des indemnités de séance et de voyage des membres du comité et de la commission du marché.
6. *Le Brésil comme débouché pour le bétail d'élevage suisse.* Conférence avec projections lumineuses, de Mr Paul *Käppeli*, de Muri-Berne.
7. Imprévus.

L'assemblée est présidée par M^r^ le député Sl. *Schmid*, de Spengelried, président de la Fédération et Mr G. *Michaud* fonctionne comme traducteur.

Dans une allocution très applaudie, le président passe brièvement en revue les principaux évènements de l'année qui ont trait à l'élevage et les mesures prises pour encourager l'écoulement du bétail bovin. Il constate avec satisfaction que les éleveurs réalisent toujours plus la nécessité de donner plus d'extension à l'engraissement des jeunes animaux, au détriment de l'industrie laitière trop exclusivement exploitée ces denières années, puis aussi de généraliser le contrôle laitier parmi les syndicats. Aggravant la pénible situation générale de l'agriculture suisse, la sécheresse persistante de l'année 1928 cause de gros soucis aux paysans et aux éleveurs. Fort heureusement, le bel automne très favorable à la végétation répare bien des dégâts.

Le *rapport de gestion* et les *comptes* pour l'année 1927 sont adoptés à l'unanimité. Le marche-concours n'accuse pas un bilan favorable, de sorte qu'un subside de fr. 12,050.—, prélevé sur l'administration courante, doit lui être versé. Ce déficit est dû tout à la fois à la diminution des recettes et à l'augmentation des frais. Il incombera au comité de la Fédération de rétablir l'équilibre à brève échéance.

A l'élection, le *comité de la Fédération* et les *vérificateurs des comptes* sont confirmés dans leurs fonctions. Sur la proposition de la Station cantonale valaisanne d'industrie laitière et de zootechnie, Mr Gabriel *Gex-Fabry*, du Val d'Illiez, est nommé membre du comité, comme représentant des syndicats d'élevage du Valais.

L'assemblée décide ensuite d'augmenter les indemnités de présence de fr. 12.— à fr. 15.— pour les séances du comité et de fr. 8.— à fr. 12.— pour celles de la commission du marché, dès le 1er janvier 1929. A partir de cette même date, les indemnités pour frais de voyage seront fixées à 16 cts. par kilomètre de chemin de fer parcouru. Par contre, l'indemnité pour suppléments de trains directs est abolie.

Les questions administratives liquidées, Mr Paul *Käppeli*, vétérinaire à Muri près Berne, donne une très intéressante conférence sur « *le Brésil comme débouché pour notre bétail suisse* ». Le conférencier capte l'auditoire par un rapport bien documenté, illustré de projections lumineuses, sur un voyage qu'il a fait dans ce pays l'été dernier, pour y étudier les possibilités d'écoulement du bétail suisse.

Après la conférence, l'assemblée vote la résolution suivante, proposée par le gérant:

« L'assemblée des délégués de la Fédération suisse des syndicats d'élevage de la race tachetée rouge, du 8 décembre 1928, forte de 400 participants, décide, après avoir entendu la conférence de Mr Paul Käppeli, vétérinaire à Muri près Berne, d'intervenir auprès des autorités compétentes pour faire établir une *représentation permanente* au Brésil, à laquelle devrait être affiliée avec le temps une station d'élevage et de vente de bétail suisse. Ce, dans le but d'encourager l'écoulement de ce bétail dans ce pays. »

Personne ne demandant plus la parole, le président clôt l'assemblée peu après 1 heure, par quelques remarques appropriées.

Les organes de la Fédération sont les suivants jusqu'au 31 décembre 1930:

a. Comité de la Fédération.

M. Samuel Schmid, propriétaire, Spengelried (président);
» Louis Chamorel, conseiller national, Gryon (Vaud) (vice-président);
» F. Briefer, Arlesheim (Bâle-Campagne);
» J. Furrer, député, Lüterkofen (Soleure);
» Paul Favre, Chézard (Neuchâtel);
» Otto Herrenschwand, Herrenschwanden (Berne);
» Eugène Chatton, député, Romont (Fribourg);
» Paul Chollet, président de la Fédération genevoise des syndicats d'élevage bovin, Anières (Genève);
» A. Bernet, syndic, Zell (Lucerne);
» G. Amiguet-Massard, Gryon (Vaud);
» Boschung, conseiller national, Ueberstorf (Fribourg);
» B. Collaud, chef du service cantonal de l'agriculture, Fribourg;
» Ed. Kunz, juge, Ersigen (Berne);
» Baumann-Kunz, conseiller national, Schafisheim (Argovie);
» Ami Blanc, député, Villard sur Chamby (Vaud);
» Rudolf Regez-Hofer, Ringoldingen près Erlenbach (Berne);
» Alfred Held, député, Neuegg près Sumiswald (Berne);
» Aug. Favre, président de la Fédération vaudoise des syndicats d'élevage, Goumoëns-la-Ville (Vaud).
» Gabriel Gex-Fabry, Val d'Illiez (Valais).

b. Commission de vérification des comptes.

M. Alphonse Horner, député, Tützenberg près Guin (Fribourg);
» Antoine Achermann, Frohnhofen près Richenthal (Lucerne);
» Ernest Herrmann, président du tribunal, Schlosswil (Berne).

c. Commission du marché-concours de taureaux.

M. le colonel C. Hofer, agriculteur, Bühlikofen, Zollikofen (Berne), président;
» G. Lüthy, gérant, Muri près Berne (secrétaire);
» Samuel Schmid, propriétaire, Spengelried (Berne);
» le professeur Dr Bürgi, chef de l'Office vétérinaire fédéral, Berne;
» Boschung, conseiller national, Ueberstorf (Fribourg);
» Hans Lehmann, économe de l'asile d'aliénés, Münsingen (Berne);
» Hans Müller, député, Aeschi près Spiez (Berne);
» Hans Burkhalter, fils, Obermühle, Hasle (Berne).
» Alfred Rubattel, Villarzel (Vaud).

d. Secrétaire et gérant: M. G. Lüthy, Muri près Berne;
Adjoint du gérant: M. W. Iseli, Muri près Berne.

II. Inspection et concours de tenue des registres généalogiques.

Durant l'année 1928, la Fédération inspecte les registres généalogiques de 539 syndicats fédérés et de 76 syndicats non-fédérés, qui se répartissent comme suit par cantons:

Berne	201	Argovie	33
Lucerne	14	Vaud	157
Fribourg	103	Neuchâtel	15
Soleure	35	Genève	15
Bâle-Ville	1	Valais	25
Bâle-Campagne	11	Total	610

Les registres de 598 syndicats seront inspectés en 1929.

Cette année de nouveau, 13 syndicats (vaudois) ont négligé de présenter leurs registres à l'inspection. Ce sont ceux de Frenières, La Sarraz, La Chaux sur Ste-Croix, Lussery, Mollens, Ollens, Ormont-Dessous, Pompaples, St-Barthélemy, Sottens, Trélex, Vallorbe et Yens. Il s'agit de syndicats qui n'ont pas présenté leurs registres les années précédentes déjà, parce qu'incomplets, ou qui n'en tiennent pas du tout.

Le résultat général des inspections est satisfaisant. Dans la règle, les registres sont tenus par des personnes consciencieuses qui devraient être mieux appuyées par les membres, lesquels devraient rapporter plus promptement. Il est très important pour la tenue des registres généalogiques que ceux qui en ont la charge la conservent le plus longtemps possible, quand ils sont actifs. On constate avec satisfaction que grâce à l'allocation de primes et de mentions aux meilleurs d'entre-eux, les mutations de teneurs de registres deviennent de plus en plus rares. La nouvelle disposition qui exige la marque à l'oreille pour l'obtention du certificat de saillie fédéral et qui n'admet plus au marché-concours d'Ostermundigen que des taureaux marqués, peut également avoir une bonne influence sur la tenue des registres généalogiques.

On constate par contre que malheureusement beaucoup de syndicats abandonnent la garde coopérative de taureaux appropriés, bien que ce soit justement là une des tâches les plus importantes des associations d'éleveurs.

Il serait opportun de redonner plus d'attrait à la garde coopérative des taureaux en augmentant les suppléments de primes aux taureaux de syndicats.

Du développement graduel du certificat d'ascendance, tant syndical qu'officiel, ont résulté avec le temps une diversité de formulaires et une dualité du contrôle qu'il faut chercher à éliminer et qui font actuellement le sujet de discussions et de délibérations. Espérons que l'on arrivera à la simplification qui s'impose dans ce domaine. Cependant la tenue des registres généalogiques elle-même devra être encore développée, sans tenir compte des détails accessoires.

Notons ce qui suit sur les inspections dans les divers cantons:

Berne. Le résultat est très bon dans son ensemble. Quelques syndicats isolés seulement ont des registres défectueux. Grâce aux grandes facilités d'usage de la marque et à l'ordre plus parfait du rapportage qui en résulte, la tenue des registres généalogiques s'est considérablement améliorée ces dernières années. De plus, l'impression de l'ascendance à l'endos du certificat de saillie bernois, inaugurée en 1928, a été accueillie très favorablement par les milieux intéressés. Cette innovation contribuera à un nouveau progrès du certificat en question. La pierre d'achoppement réside toujours encore dans le carnet d'écurie édité par le Secrétariat cantonal de l'élevage, qui ne répond pas aux prescriptions de la tenue des regitres généalogiques, en ce sens qu'il ne prévoit pas l'inscription chronologique des saillies supplémentaires. Aussi recommandons-nous d'employer, dans la mesure du possible, le carnet d'écurie édité par la Division de l'agriculture.

Lucerne. La tenue des registres généalogiques est généralement bonne dans ce canton. Malheureusement, dans bien des syndicats on emploie encore trop de taureaux privés pour saillir des vaches enregistrées. Ce, au détriment du rapportage, car les produits de ces taureaux, peu intéressants du point de vue de l'élevage, ne sont généralement pas ou rarement déclarés.

Fribourg. A part dans quelques syndicats isolés, les registres sont bien tenus. Toutefois, le certificat d'identité des veaux d'élevage n'est souvent basé que sur le signalement. Quelques syndicats qui ne font pas les efforts voulus pour garder des taureaux ayant droit au certificat de saillie, ne peuvent enregistrer qu'un nombre infime de veaux d'élevage marqués. Il faudra aussi, dans le canton de Fribourg, tendre à obliger les syndicats à garder suffisamment de taureaux ayant droit au certificat de saillie, afin que les produits de ces taureaux avec les vaches enregistrées puissent être marqués et qu'ils le soient effectivement, s'ils sont destinés à l'élevage.

Soleure. Certains syndicats soleurois ont beaucoup de peine à tenir des livres généalogiques en ordre. Il s'agit là principalement de syndicats nouvellement fondés qui n'ont pas encore surmonté les difficultés du début. L'un d'eux n'a soumis ses registres à l'inspection qu'après le Nouvel-An. Dans l'ensemble, le résultat des inspections est satisfaisant.

Bâle-Ville. Le syndicat de Riehen a de la peine de tenir ses registres comme il faut, parce qu'il change trop souvent de teneur et que ses membres rapportent négligemment. Toutefois les inscriptions relatives au certificat d'ascendance sont faites régulièrement.

Bâle-Campagne. Le résultat général est moyen. Dans plusieurs syndicats, la tenue du carnet d'écurie, les déclarations et l'emploi de taureaux privés donnent encore lieu à des réclamations.

Vaud. Un grand nombre de syndicats vaudois ne remplissent pas leur devoir cette année, ne présentant le matériel qu'on leur demande qu'incomplètement ou même pas du tout. Il est vrai qu'il s'agit en partie de syndicats qui ne le sont que de nom et qui n'obtiennent aucun résultat notable de leur élevage. Les règlements des concours devraient être appliqués plus strictement dans cette direction. On devrait attacher au marquage des animaux enregistrés et des veaux d'élevage l'attention qu'il mérite. Le marquage au fer rouge du numéro du registre généalogique est indispensable pour la tenue rationnelle du carnet d'écurie et des registres. On doit aussi s'efforcer de munir les veaux d'élevage de la marque à l'oreille, pour établir ainsi leur identité de façon irréprochable. Quant au reste, les résultats des inspections varient toujours beaucoup. Partant des syndicats mentionnés plus haut, qui ont des registres insuffisants ou même nuls, on arrive, par une courbe ascendante, à quelques autres qui les tiennent très bien.

Valais. Le progrès est notable d'une année à l'autre. Malgré les conditions très défavorables dans lesquelles les montagnards valaisans travaillent en partie, certains syndicats ont déjà obtenu des résultats réjouissants, de sorte que le résultat général peut être qualifié de satisfaisant. Quelques autres syndicats ont des registres dont les lacunes révèlent les sérieuses difficultés qu'il reste encore à surmonter.

Neuchâtel. Le résultat général des inspections est très bon, à l'exception du Syndicat du Val-de-Travers, qui a dû envoyer ses registres pour une inspection supplémentaire. On ne peut que louer l'ordre exemplaire qui règne au sein de quelques-uns des syndicats les plus importants et les plus étendus. Moins réjouissante par contre est la constatation que l'on emploie encore trop souvent des taureaux privés, en partie non-primés. Il est évident qu'on encourage mieux l'élevage en faisant saillir les vaches enregistrées par des taureaux de syndicats, mieux appropriés à ce but et d'une valeur supérieure.

Genève. Malgré les progrès réalisés, la tenue des registres généalogiques pourrait encore être beaucoup améliorée. Les déclarations des éleveurs laissent surtout à désirer, ce qui révèle le manque d'intérêt d'une partie des membres des syndicats. Il en est de même de l'emploi toujours encore trop fréquent de taureaux privés non-primés pour couvrir des vaches enregistrées. La tenue du carnet d'écurie donne également lieu à de trop nombreuses réclamations. Le marquage des veaux d'élevage a progressé dans certains syndicats, tandis qu'il a été négligé dans d'autres.

Primes pour la tenue des registres généalogiques.

Les syndicats du IIIe arrondissement, c'est-à-dire des cantons de Vaud, Neuchâtel et Valais, concourent cette année pour la tenue des registres généalogiques et sont classés comme suit:

Canton	Nombre total des syndicats fédérés	Sont primés en				
		Ire cl.	IIe cl.	IIIe cl.	Total	%
Vaud	160	35 28,5 %	61 49,5 %	27 22 %	123	77
Neuchâtel	14	7 54 %	5 38 %	1 8 %	13	91
Valais	23	—	10 47,5 %	11 52,5 %	21	91
Total %	197	42 27	76 48	39 25	157	79

Suit la liste des primes, qui indique également les sommes versées aux syndicats de cet arrondissement, en conformité du règlement de la Commission des fédérations suisses des syndicats d'élevage bovin.

Liste des primes pour la bonne tenue des registres généalogiques des syndicats d'élevage bovin et des subsides versés en vertu du règlement de la Commission des fédérations suisses des syndicats d'élevage bovin.

(IIIe arrondissement, cantons de Vaud, Neuchâtel et Valais.)

Rang Syndicat	Teneur des registres généalogiques	Nombre de points	Animaux enregistrés	Prime de la Fédération			Contribution de la Commission des fédérations			Prime totale
				Prime de base	Supplément par animal enregistré	Prime totale de la Fédération	Prime de base	Supplément par animal enregistré	Total	
Ire classe.				fr.	fr.	fr.	fr.	fr.	fr.	fr.
1. Val-de-Ruz . . .	Pétremand W. .	46.5	434	50	130.20	180.20	30	130.20	160.20	340.40
2. Boudry-Est . . .	Perrochet J. F. .	44	226	50	67.80	117.80	30	67.80	97.80	215.60
3. Monts de Lavaux	Lederrey Sl. . .	44	96	50	28.80	78.80	30	28.80	58.80	137.60
4. Puidoux-Chexbres	Bovy Hri.	44	122	50	36.60	86.60	30	36.60	66.60	153.20
5. Brenles-Chesalles-Sarzens .	Blanc Ad.	43	89	50	26.70	76.70	30	26.70	56.70	133.40
6. Cuarny	Gondoux J. . . .	43	56	50	16.80	66.80	30	16.80	46.80	113.60
7. Ecoteaux-Maracon	Boudry Eug. . .	42.5	109	50	32.70	82.70	30	32.70	62.70	145.40
8. Vuarrens	Narbel Const. . .	42.5	143	50	42.90	92.90	30	42.90	72.90	165.80
9. La Chaux-de-Fonds	Kaufmann Chs. .	42.5	229	50	68.70	118.70	30	68.70	98.70	217.40
10. Ponts-Brot-Plamboz	Vuille Sl.	42.5	99	50	29.70	79.70	30	29.70	59.70	139.40
11. Ballaigues. . . .	Conod Chs. . . .	41.5	62	50	18.60	68.60	30	18.60	48.60	117.20
12. Gollion	Monachon C. . .	41.5	69	50	20.70	70.70	30	20.70	50.70	121.40
13. Juriens	Grandjean F. . .	41.5	119	50	35.70	85.70	30	35.70	65.70	151.40
14. La Chaux sur Cossonay	Rossy Hri. . . .	41.5	66	50	19.80	69.80	30	19.80	49.80	119.60
15. La Tour de Peilz .	Tapernoux J. . .	41.5	101	50	30.30	80.30	30	30.30	60.30	140.60
16. La Béroche . . .	Woiblet G. . . .	41.5	247	50	74.10	124.10	30	74.10	104.10	228.20
17. Les Diablerets. .	Ansermoz P. . .	41	186	50	55.80	105.80	30	55.80	85.80	191.60
18. Gryon I	Jaquerod V. . .	41	27	50	8.10	58.10	—	—	—	58.10
19. Leysin	Tauxe Rob. . . .	41	78	50	23.40	73.40	30	23.40	53.40	126.80
20. Palézieux	Graz Aug. . . .	41	95	50	28.50	78.50	30	28.50	58.50	137.—
21. Solliat-Sentier. .	Capt Hri.	41	85	50	25.50	75.50	30	25.50	55.50	131.—
22. Villarzel	Rossier J.. . . .	41	79	50	23.70	73.70	30	23.70	53.70	127.40

Rang Syndicat	Teneur des registres généalogiques	Nombre de points	Animaux enregistrés	Prime de la Fédération			Contribution de la Commission des fédérations			Prime totale
				Prime de base	Supplément par animal enregistré	Prime totale de la Fédération	Prime de base	Supplément par animal enregistré	Total	
Ire classe.				fr.	fr.	fr.	fr.	fr.	fr.	fr.
23. Vuillerens	Nicole H.	41	110	50	33.00	83.—	30	33.00	63.—	146.—
24. Bettens	Fontannaz C.	40.5	119	50	35.70	85.70	30	35.70	65.70	151.40
25. Château-d'Oex	Turrian V.	40.5	216	50	64.80	114.80	30	64.80	94.80	209.60
26. Corsier	Cuénod J.	40.5	92	50	27.60	77.60	30	27.60	57.60	135.20
27. Pampigny	Bussy Alf.	40.5	79	50	23.70	73.70	30	23.70	53.70	127.40
28. Yvorne	Müller G.	40.5	59	50	17.70	67.70	30	17.70	47.70	115.40
29. LaChaux-du-Milieu	Brunner E.	40.5	112	50	33.60	83.60	30	33.60	63.60	147.20
30. Apples	Decollogny E.	40	62	50	18.60	68.60	30	18.60	48.60	117.20
31. Chevroux	Cuany Alfr.	40	54	50	16.20	66.20	30	16.20	46.20	112.40
32. Cossonay	Lecoultre Ls.	40	78	50	23.40	73.40	30	23.40	53.40	126.80
33. Cuarnens	Chappuis F.	40	65	50	19.50	69.50	30	19.50	49.50	119.—
34. Ferreyres	Pingoud M.	40	41	50	12.30	62.30	30	12.30	42.30	104.60
35. Forel	Briod A.	40	46	50	13.80	63.80	30	13.80	43.80	107.60
36. Grandcour	Major E.	40	63	50	18.90	68.90	30	18.90	48.90	117.80
37. Lovatens	Ogay J.	40	55	50	16.50	66.50	30	16.50	46.50	113.—
38. Ormont-dessus	Nicolier V.	40	116	50	34.80	84.80	30	34.80	64.80	149.60
39. La Plaine-du-Rhône	Chabloz Ls.	40	120	50	36.—	86.—	30	36.—	66.—	152.—
40. Rougemont	Yersin V.	40	106	50	31.80	81.80	30	31.80	61.80	143.60
41. Sédeilles	Goumaz A.	40	50	50	15.—	65.—	30	15.—	45.—	110.—
42. La Sagne	Vuille Paul	40	202	50	60.60	110.60	30	60.60	90.60	201.20
	Total Ire classe		4662	2100	1398.60	3498.60	1230	1390.50	2620.50	6119.10
IIe classe.										
43. Bière	Monthoud R.	39.5	46	30	9.20	39.20	20	9.20	29.20	68.40
44. Bretigny-Cugy-Montherond	Jaton Aug.	39.5	85	30	17.—	47.—	20	17.—	37.—	84.—
45. Bussigny	Pittet Chs.	39.5	72	30	14.40	44.40	20	14.40	34.40	78.80
46. Le Lieu-Séchey	Piguet Alfr.	39.5	65	30	13.—	43.—	20	13.—	33.—	76.—
47. Vully	Loup Alfr.	39.5	76	30	15.20	45.20	20	15.20	35.20	80.40
48. Lignières	Bonjour E.	39.5	83	30	16.60	46.60	20	16.60	36.60	83.20
49. Daviaz	Jordan Henri	39.5	76	30	15.20	45.20	20	15.20	35.20	80.40
50. Le Brassus	Golay Chs.-A.	39	62	30	12.40	42.40	20	12.40	32.40	74.80
51. Marchissy	Pillioud E.	39	95	30	19.—	49.—	20	19.—	39.—	88.—
52. Montreux	Michel Ch.	39	30	30	6.—	36.—	—	—	—	36.—
53. Orges	Chareyrat Ad.	39	41	30	8.20	38.20	20	8.20	28.20	66.40
54. Payerne-Ville	Savary A.	39	61	30	12.20	42.20	20	12.20	32.20	74.40
55. Pomy	Pellaux M.	39	63	30	12.60	42.60	20	12.60	32.60	75.20
56. Prévonloup-Dompierre	Corthésy C.	39	66	30	13.20	43.20	20	13.20	33.20	76.40
57. Vuitebœuf	—	39	44	30	8.80	38.80	20	8.80	28.80	67.60
58. District de Neuchâtel	Krebs Herm.	39	75	30	15.—	45.—	20	15.—	35.—	80.—
59. Leuk	Pfammatter W.	39	92	30	18.40	48.40	20	18.40	38.40	86.80
60. Troistorrents	Morisod M.	39	90	30	18.—	48.—	20	18.—	38.—	86.—
61. Eclépens	Monnier Ch.	38.5	46	30	9.20	39.20	20	9.20	29.20	68.40
62. Yverdon r. droite	Blœsch Paul	38.5	73	30	14.60	44.60	20	14.60	34.60	79.20
63. La Brévine	Gretillat G.	38.5	103	30	20.60	50.60	20	20.60	40.60	91.20
64. Le Locle	Pellaton G.	38.5	108	30	21.60	51.60	20	21.60	41.60	93.20
65. Arnex	Gauthey Ls.	38	47	30	9.40	39.40	20	9.40	29.40	68.80
66. Arveyes	Bratschy Ls.	38	26	30	5.20	35.20	—	—	—	35.20
67. Baulmes	Deriaz Ch. E.	38	52	30	10.40	40.40	20	10.40	30.40	70.80
68. Boussens	Dubrit F.	38	30	30	8.—	38.—	20	8.—	28.—	66.—
69. Brethonnières	Fannolliet A. L.	38	92	30	18.40	48.40	20	18.40	38.40	86.80
70. Bussy-Chardonnay	Kohli Ls.	38	57	30	11.40	41.40	20	11.40	31.40	72.80

Rang Syndicat	Teneur des registres généalogiques	Nombre de points	Animaux enregistrés	Prime de la Fédération			Contribution de la Commission des fédérations			Prime totale
				Prime de base	Supplément par animal enregistré	Prime totale de la Fédération	Prime de base	Supplément par animal enregistré	Total	
IIe classe.				fr.	fr.	fr.	fr.	fr.	fr.	fr.
71. Chesalles s. Oron	Ducret Sl.. . . .	38	69	30	13.80	43.80	20	13.80	33.80	77.60
72. Essertines s. Rolle	Dumartheray J. .	38	71	30	14.20	44.20	20	14.20	34.20	78.40
73. La Forclaz . . .	Tavernier Aug.. .	38	33	30	6.60	36.60	—	—	—	36.60
74. Lucens	Michod Ls. . . .	38	95	30	19.—	49.—	20	19.—	39.—	88.—
75. Missy	Quillet Ch. . . .	38	101	30	20.20	50.20	20	20.20	40.20	90.40
76. Nyon.	Corbaz A.. . . .	38	222	30	44.40	74.40	20	44.40	64.40	138.80
77. La Rippe . . .	Melly F.	38	86	30	17.20	47.20	20	17.20	37.20	84.40
78. St-Saphorin. . .	Marmet E. . . .	38	31	30	6.20	36.20	—	—	—	36.20
79. St-Maurice . . .	Contaz M. . . .	38	106	30	21.20	51.20	20	21.20	41.20	92.40
80. Sassel	Savary J. . . .	37.5	26	30	5.20	35.20	—	—	—	35.20
81. Les Verrières . .	Guye dir.	37.5	76	30	15.20	45.20	20	15.20	35.20	80.40
82. Vouvry.	Coppet A. . . .	37.5	81	30	16.20	46.20	20	16.20	36.20	82.40
83. Bex	Nicollérat E. . .	37	84	30	16.80	46.80	20	16.80	36.80	83.60
84. Combremont-le-Grand . .	Bettex Jul. . . .	37	97	30	19.40	49.40	20	19.40	39.40	88.80
85. Gilly	Jaquier Rob. . .	37	69	30	13.80	43.80	20	13.80	33.80	77.60
86. Oulens	Clavel Aug. . . .	37	54	30	10.80	40.80	20	10.80	30.80	71.60
87. Villars-Bramard .	Duc Rob.	37	56	30	11.20	41.20	20	11.20	31.20	72.40
88. Vufflens-la-Ville .	Cœytaux Alf. . .	37	64	30	12.80	42.80	20	12.80	32.80	75.60
89. Yvonand	Vernez Hri. . . .	37	80	30	16.—	46.—	20	16.—	36.—	82.—
90. Gampel	Hildbrand Fab. .	36.5	83	30	16.60	46.60	20	16.60	36.60	83.20
91. Ballens	Oppeliguer Henri.	36.5	31	30	6.20	36.20	—	—	—	36.20
92. Carrouge-Servion	Jordan Alfr.. . .	36.5	149	30	29.80	59.80	20	29.80	49.80	109.60
93. Corcelles s. Concise	Humbert E.. . .	36.5	49	30	9.80	39.80	20	9.80	29.80	69.60
94. Denezy	Crisinel Aimé . .	36.5	57	30	11.40	41.40	20	11.40	31.40	72.80
95. Gimel	Filletaz G.. . . .	36.5	52	30	10.40	40.40	20	10.40	30.40	70.80
96. Goumoëns-la-Ville	Marguerat Ch. .	36.5	89	30	17.80	47.80	20	17.80	37.80	85.60
97. Orzens	Burla Maur.. . .	36.5	24	30	4.80	34.80	—	—	—	34.80
98. Trey	Cornamusaz M. .	36.5	35	30	7.—	37.—	—	—	—	37.—
99. Törbel	Schaller Joh. . .	36.5	105	30	21.—	51.—	20	21.—	41.—	92.—
100. Varen-Inden . .	Lorétan Arm. . .	36.5	71	30	14.20	44.20	20	14.20	34.20	78.40
101. Charbonnières . .	Rochat M. . . .	36	38	30	7.60	37.60	—	—	—	37.60
102. Lignerolle II . .	Petermann M. . .	36	41	30	8.20	38.20	20	8.20	28.20	66.40
103. Suchy	Carrel J.	36	73	30	14.60	44.60	20	14.60	34.60	79.20
104. Valeyres	Ravey G.	36	56	30	11.20	41.20	20	11.20	31.20	72.40
105. Vaulion.	Reymond M. . .	36	53	30	10.60	40.60	20	10.60	30.60	71.20
106. Vernayaz	Bochatay P. M. .	36	65	30	13.—	43.—	20	13.—	33.—	76.—
107. Aubonne	Cautier Alb.. . .	35.5	67	30	13.40	43.40	20	13.40	33.40	76.80
108. Concise	Althaus E. . . .	35.5	26	30	5.20	35.20	—	—	—	35.20
109. Moudon	Thonney Eug. . .	35.5	84	30	16.80	46.80	20	16.80	36.80	83.60
110. Daillens	Trolliet Emile . .	35	56	30	11.20	41.20	20	11.20	31.20	72.40
111. L'Etivaz	Henchoz E. . . .	35	65	30	13.—	43.—	20	13.—	33.—	76.—
112. Fey	Wagnière Gust. .	35	44	30	8.80	38.80	20	8.80	28.80	67.60
113. Orbe	Dupuis Alb.. . .	35	98	30	19.60	49.60	20	19.60	39.60	89.20
114. Pailly	Gonet Jacques. .	35	35	30	7.—	37.—	—	—	—	37.—
115. Panex	Rosat Rob. . . .	35	24	30	4.80	34.80	—	—	—	34.80
116. Premier.	Gandaux Edm. .	35	43	30	8.60	38.60	20	8.60	28.60	67.20
117. Rossinières . . .	Martin Aug.. . .	35	37	30	7.40	37.40	—	—	—	37.40
118. Liddes	Darbellay E. . .	35	84	30	16.80	46.80	20	16.80	36.80	83.60
	Total IIe classe		5101	2280	1020.20	3300.20	1260	941.—	2201.—	5501.20

Rang Syndicat	Teneur des registres généalogique	Nombre de points	Animaux enregistrés	Prime de la Fédération: Prime de base	Prime de la Fédération: Supplément par animal enregistré	Prime de la Fédération: Prime totale de la Fédération	Contribution de la Commission des fédérations: Prime de base	Contribution de la Commission des fédérations: Supplément par animal enregistré	Contribution de la Commission des fédérations: Total	Prime totale
IIIe classe.				fr.	fr.	fr.	fr.	fr.	fr.	fr.
119. Corcelles s. Chav.	Léonard Alfr. . .	34.5	38	10	3.80	13.80	—	—	—	13.80
120. Echallens	Gachet Ed. . . .	34.5	29	10	2.90	12.90	—	—	—	12.90
121. Ferden	Werlen Alfr.. . .	34.5	69	10	6.90	16.90	10	6.90	16.90	33.80
122. Bioley-Orjulaz .	Dory Aimé . . .	34	37	10	3.70	13.70	—	—	—	13.70
123. Combremont-le-Pt.	Chambaz O. . . .	34	72	10	7.20	17.20	10	7.20	17.20	34.40
124. Fontaines . . .	Robellaz M. . . .	34	43	10	4.30	14.30	10	4.30	14.30	28.60
125. Gryon II	Normand R.. . .	34	41	10	4.10	14.10	10	4.10	14.10	28.20
126. Huémoz	Dulex-Anex E. .	34	26	10	2.60	12.60	—	—	—	12.60
127. Prahins	Waridel L. . . .	34	32	10	3.20	13.20	—	—	—	13.20
128. Evionnaz	Maret Jos. . . .	34	63	10	6.30	16.30	10	6.30	16.30	32.60
129. Turtmann. . . .	Kalbermatten J..	34	71	10	7.10	17.10	10	7.10	17.10	34.20
130. Oberems	Bregy Karl . . .	34	55	10	5.50	15.50	10	5.50	15.50	31.—
131. Moiry	Pittet Chs. . . .	33.5	34	10	3.40	13.40	—	—	—	13.40
132. Collonges	Pochon Marcel . .	33.5	54	10	5.40	15.40	10	5.40	15.40	30.80
133. Monthey	Faigaux Paul . .	33.5	103	10	10.30	20.30	10	10.30	20.30	40.60
134. Bottens	Vincent J. . . .	33	26	10	2.60	12.60	—	—	—	12.60
135. Chavornay . . .	Despland Adr.. .	33	28	10	2.80	12.80	—	—	—	12.80
136. Essertines s. Y. .	Auberson Ch. . .	33	47	10	4.70	14.70	10	4.70	14.70	29.40
137. Grancy	Rochat Ed. . . .	33	17	10	1.70	11.70	—	—	—	11.70
138. Rances	Pinard Maur. . .	33	38	10	3.80	13.80	—	—	—	13.80
139. Villars-le-Terroir	Dutoit Jos. . . .	33	28	10	2.80	12.80	—	—	—	12.80
140. Neyruz	Jaquier L. . . .	32.5	87	10	8.70	18.70	10	8.70	18.70	37.40
141. Sullens	Chevalley Gust. .	32.5	37	10	3.70	13.70	—	—	—	13.70
142. Val d'Illiez . . .	Défago Ad. . . .	32.5	45	10	4.50	14.50	10	4.50	14.50	29.—
143. Crissier	Blondel Rob. . .	32	9	10	—.90	10.90	—	—	—	10.90
144. Demoret	Jaquiéry R. . . .	32	44	10	4.40	14.40	10	4.40	14.40	28.80
145. Mont-la-Ville . .	Charoton M. . .	32	23	10	2.30	12.30	—	—	—	12.30
146. Vaux s. Morges .	Stoudmann Fl. .	32	27	10	2.70	12.70	—	—	—	12.70
147. Eischoll.	Amacker Th. . .	32	104	10	10.40	20.40	10	10.40	20.40	40.80
148. Yverdon-ouest. .	Moser E.	32	25	10	2.50	12.50	—	—	—	12.50
149. Les Bioux . . .	Reymond J. D. .	32	25	10	2.50	12.50	—	—	—	12.50
150. L'Isle	Gruar H. L. . . .	31	32	10	3.20	13.20	—	—	—	13.20
151. Mont Epalinges .	Guex A. Le Mont	31	26	10	2.60	12.60	—	—	—	12.60
152. Vionnaz	Vaumay A. . . .	31	60	10	6.—	16.—	10	6.—	16.—	32.—
153. Wiler.	Roth M.	30.5	135	10	13.50	23.50	10	13.50	23.50	47.—
154. Lignerolle I . .	Peclard Paul. .. .	30	37	10	3.70	13.70	—	—	—	13.70
155. Romanel	Keuffer Hri. . .	30	24	10	2.40	12.40	—	—	—	12.40
156. Verossaz	Fellay F.	30	60	10	6.—	16.—	10	6.—	16.—	32.—
157. Colombier. . . .	—	30	65	10	6.50	16.50	10	6.50	16.50	33.—
	Total IIIe classe		1816	390	181.60	571.60	180	121.80	301.80	873.40

Récapitulation:

	Nombre des sujets inscrits au registre généalog.	Primes allouées par la Fédération	Allocation de base accordée par la Commission	Allocation supplémentaire pour les sujets inscrits au registre	Primes de la Commission au total
		fr.	fr.	fr.	fr.
42 syndicats primés en Ire classe	4662	3490.60	1230.—	1390.50	2620.50
76 » » » IIe »	5101	3300.20	1260.—	941.—	2201.—
39 » » » IIIe »	1816	571.60	180.—	121.80	301.80
157 » »	11,579	7370.40	2670.—	2453.30	5123.30

Mentions honorables.

Conformément à l'art. 8 du règlement d'allocation des primes, les distinctions spéciales suivantes ont été décernées:

a) La médaille de vermeil:

		Teneur des registres	Syndicat	Primé en 1re classe en
1.	M.	Nicole Henri, Vuillerens	Vuillerens	1916, 1919, 1922, 1925, 1928
2.	„	Chabloz Louis, Roche	La Plaine du Rhône	1916, 1919, 1922, 1925, 1928

b) La médaille d'argent:

1.	M.	Lederrey Sl., au Tronchet	Monts de Lavaux	1919, 1922, 1925, 1928
2.	„	Bovy Henri	Puidoux-Chexbres	
3.	„	Boudry Eug.	Ecoteaux-Maracon	
4.	„	Conod Charles	Ballaigues	
5.	„	Monachon Const.	Gollion	
6.	„	Grandjean Félix	Juriens	
7.	„	Capt Henri	Solliat-Sentier	
8.	„	Cuénod Jules	Corsier-les-Monts	
9.	„	Chappuis Frank	Cuarnens	
10.	„	Goumaz Arthur	Sédeilles	
11.	„	Pétremand Willy	Val-de-Ruz	1922, 1925, 1928
12.	„	Perrochet J.-F.	Boudry-Est	
13.	„	Gondoux Jules	Cuarny	
14.	„	Vuille Sam.	Ponts-Brot-Plamboz	
15.	„	Rossy Henri	La Chaux s. Cossonay	
16.	„	Graz Aug.	Palézieux	
17.	„	Fontannaz Const.	Bettens	
18.	„	Nicolier V.	Ormonts-dessus	
19.	„	Yersin Victor	Rougemont	

La somme prélevée sur le fonds d'encouragement de la tenue des registres généalogiques des syndicats fédérés et versée par la Fédération aux syndicats sur la base de la moyenne des points obtenus en 1926, 1927 et 1928, se monte à fr 23,548 20 et se répartit comme suit sur les trois arrondissements prévus par le règlement du concours:

	Total fr.	Moyenne fr.
Ier arr. (cantons de Lucerne, Fribourg, Soleure, Bâle-Ville, Bâle-Campagne et Argovie)	8677.20	56.35
IIe arr. (cantons de Berne et Genève)	9713.40	52.20
IIIe arr. (cantons de Vaud, Valais et Neuchâtel) . . .	5157.—	41.60

Ces sommes se répartissent comme suit entre les divers cantons:

Cantons	Nombre de syndicats primés	Montant fr.
Berne	174	9298.—
Lucerne	14	698.80
Fribourg	68	4484.10
Soleure	29	1259.70
Bâle (Ville et Campagne) . .	11	487.20
Argovie	32	1748.—
Vaud	92	3835.30
Neuchâtel	12	775.20
Genève	12	415.40
Valais	20	546.50
Total	464	23,548.20

III. Le XXXe marché-concours de taureaux.

Rapporteur-conjoint: Mr *Fritz Ingold*, Ier vice-président du jury.

Le XXXe marché-concours de taureaux a lieu à Ostermundigen durant les trois derniers jours du mois d'août. Le nombre des animaux inscrits est de 300 inférieur à celui de l'année dernière et le catalogue contient en tout 892 numéros contre 1192 en 1927.

La difficulté d'écouler les taureaux il y a un an a résulté en une diminution considérable de l'élevage, notamment en plaine. Les éleveurs ont bien fait d'en tirer la conclusion qui s'imposait, car un plus grand nombre de sujets présentés au marché l'aurait défavorablement influencé et aurait encore rabaissé le niveau des prix. Le résultat financier est meilleur que l'année dernière, bien que le marché soit d'un quart environ plus petit qu'alors.

Le programme n'a pas subi d'importantes modifications cette année:

Les finances d'inscription et d'alimentation sont fixées à frs. 20.— pour les taureaux des syndicats fédérés et de leurs membres et à frs. 32.— pour les taureaux privés et de syndicats non-fédérés. Ce, afin de rétablir l'équilibre du bilan, rompu l'année précédente.

L'indemnité de transport des animaux est réduite de 30 à 20 cts. par kilomètre de chemin de fer et à frs. 100.— au maximum par exposant.

Les primes aussi sont réduites, de frs. 30.— à frs. 25.— pour les taurillons de 7 à 12 mois et de frs. 50.— à frs. 40.— pour les taureaux de plus d'un an.

Le programme du marché est le suivant:

Mardi 28 août.

Réception des taureaux inscrits, au plus tard jusqu'à 18 heures. Les exposants n'auront droit à l'entrée jusqu'à 10 heures que sur présentation des cartes d'exposants et des cartes de libre circulation. Les personnes non munies de cartes ne seront pas admises.

10 heures: Ouverture des guichets: cartes valables pour toute la durée du marché fr. 6.— ; carte d'entrée fr. 2.—.

Mercredi 29 août.

6½ heures: Commencement des opérations du jury.
7½ » Ouverture des guichets: cartes d'entrée fr. 2.—; cartes d'entrée valables pour toute la durée du marché fr. 6.—.
12 » Banquet à la cantine, fr. 4.—, vin compris.
19½ » Clôture.

Jeudi 30 août.

7 heures: Ouverture des guichets: cartes d'entrée fr. 2.—; cartes valables pour toute la durée du marché fr. 6.—.
7—10 » Classement des taureaux primés d'après leur rang; d'abord aux perches, puis dans les écuries; désignation des taureaux ayant droit aux cahiers de certificats fédéraux.
10—14 » Présentation des collections inscrites et appréciation de celles-ci par le jury.
12 » Banquet à la cantine, fr. 4.—, vin compris; cas échéant, second banquet à 13 heures.
15 » Rapport du jury sur le résultat du concours; attribution des dons d'honneur.
15½ » Présentation des animaux primés en tête de liste.
19½ » Clôture.

Vendredi 31 août.

6 heures: Ouverture des guichets; cartes d'entrée fr. 1.—.
6—12 » Paiement des primes en espèces au bureau du commissariat.
11½—13 » Banquet à la cantine, fr. 4.—, vin compris.
12 » Commencement de la réexpédition des taureaux.
18 » Clôture du marché.

Les différents cantons participent comme suit au marché:

Cantons	7—12 mois	1—2 ans	2—3 ans	Plus de 3 ans	Total inscrits	Total exposés	Nombre des exposants
Berne	367	393	23	4	787	732	425
Fribourg	30	34	8	1	73	60	53
Lucerne	6	20	1	—	27	25	24
Argovie	1	4	—	—	5	3	3
Soleure	2	3	1	—	6	6	5
Vaud	3	1	—	—	4	4	3
Neuchâtel	3	1	—	—	4	3	3
Bâle-Campagne	2	2	—	—	4	4	1
Totaux	414	458	33	5	910	837	517

Les 910 taureaux inscrits sont la propriété de:

	7—12 mois	1—2 ans	2—3 ans	Plus de 3 ans	Total inscrits 1928	Total inscrits 1927
Syndicats d'élevage	—	21	4	2	27	40
Membres des syndicats	399	384	25	3	811	1023
Eleveurs particuliers	15	53	4	—	72	154
Totaux	414	458	33	5	910	1217

Sont nommés juges et suppléants:

1° *Juges:* M. Eigenmann, conseiller national, Müllheim (Thurgovie), président.
» Frédéric Ingold, Lotzwil (Berne), Ier vice-président.
» Eugène Chatton, député, Romont (Fribourg), IIe vice-président.
» Sl. Schmid, député, Spengelried (Berne).
» Herm. Baumgartner, Hofen près Wohlen (Berne).
» F. Briefer, Arlesheim (Bâle-Campagne).
» A. Mühlebach, président de la Commission argovienne d'élevage, Brougg (Argovie).
» Aloïs Bernet, syndic, Zell (Lucerne).
» Jean Furrer, député, Lüterkofen (Soleure).
» Gottfr. Stebler, Grächwil près Meikirch (Berne).
» Jean Müller, député, Aeschi près Spiez (Berne).
» Charles Indermühle, professeur d'agriculture, Rütti (Berne).
» Pius Roggo, Fillistorf (Fribourg).
» Paul Favre, ancien directeur, Chézard (Neuchâtel).
» Alfred Held, conseiller national, Neuegg, Sumiswald (Berne).
» Ch. Brüllhardt, Givisiez (Fribourg).
» Jacques Oehrli-Zingre, Ebnit, Gstaad (Berne).
» Arn. Klossner, Diemtigen (Berne).
» Jean Burkhalter, Obermühle, Hasle (Berne).

2° *Suppléants:* * M. Jean Wiedmer, juge de district, Zwischenflüh (Berne).
» K. Schüpbach, professeur d'agriculture, Schwand-Münsingen (Berne).
* » Emile Amrein, directeur, Willisauland (Lucerne).
» Jean Scherz, député, Scharnachtal (Berne).
* » Emile Bolliger, député, Brittnau (Argovie).
» A. Seitz, administrateur, Schachenhof, Deitingen (Soleure).
» Ami Blanc, en Villars, Montreux (Vaud).
» J. Jobin, Les Bois (Berne).
* » Cas. Gremaud, Echarlens (Fribourg).
» Jean Gerber, Hintere Gerbe, Langnau (Berne).
» Jacques Spillmann, syndic, Niederhasli (Zurich).
* » Chr. Gfeller, Münsingen.

Les Messieurs dont les noms sont marqués d'un astérisque n'ont pas fonctionné.

Conformément à l'usage, le jury se réunit la veille du marché à 17 heures, à la cantine, pour procéder à la constitution de ses diverses sections, après une brève allocution du président de la commission du marché.

Les animaux sont rapidement déchargés, sans aucun accident. Il en est de même du chargement pour le retour. Aucun accident à signaler non plus pendant toute la durée du marché.

Contrairement aux années précédentes, le jury commence son travail le mercredi matin à 6½ h. déjà, au lieu de 7 h. Cette mesure fait sa preuve, car plusieurs sections, notamment celles qui ne doivent pas pointer les animaux, terminent la plus grande partie de leur travail jusqu'à midi. Du reste, ce travail se fait rapidement et sans accrocs, de sorte que tout est terminé jusqu'au soir, sauf l'appréciation des collections. La liste des primes peut même être établie durant la nuit de mercredi à jeudi, ce qui permet de la publier à temps. Il est aussi possible de liquider définitivement le même soir les quelques recours présentés, qui sont tous acceptés.

La délégation du jury chargée de la délivrance du certificat de saillie fédéral recommande les taureaux suivants:

a. Pour une année:

Catégor. I.	1.—8.	Rang:	N° 48, 47, 69, 49, 54, 33, 37, 58.
„ II.	1.—12.	„	„ 130, 158, 134, 131, 140, 103, 98, 101, 117, 83, 96, 89.
„ III.	1.—13.	„	„ 180, 198, 187, 243, 219, 236, 231, 232, 172, 239, 181, 156, 191.
„ IV.	1.—16.	„	„ 319, 323, 292, 293, 311, 295, 309, 286, 280, 304, 251, 300, 278, 245, 259, 318.
„ V.	1.—16.	„	„ 368, 377, 403, 351, 371, 344, 407, 392, 336, 381, 352, 333, 327, 379, 348, 347.
„ VI.	4.—13.	„	„ 481, 432, 472, 418, 433, 422, 436, 442, 439, 448.
„ VII.	15.—35.	„	„ 556, 538, 540, 542, 539, 553, 545, 526, 517, 533, 522, 529, 515, 537, 488, 536, 492, 521, 519, 502, 484.
„ VIII.	20.—40.	„	„ 607, 570, 610, 630, 608, 599, 567, 565, 604, 619, 615, 624, 573, 577, 579, 578, 568, 585, 616, 609, 631.
„ IX.	15.—33.	„	„ 701, 686, 684, 639, 666, 708, 690, 652, 649, 650, 673, 678, 646, 683, 654, 444, 675, 679, 643.
„ X.	19-25, 28, 30, 32, 34	„	„ 769, 776, 727, 718, 732, 746, 745, 728, 722, 737, 758.
„ XI.	17-24, 27, 28, 29, 34, 35	„	„ 843, 789, 796, 791, 827, 857, 798, 808, 839, 844, 799, 795, 822.

b. A vie:

Catégor. VI.	1.—3.	Rang:	N° 431, 462, 467.
„ VII.	1.—14.	„	„ 487, 499, 525, 491, 512, 493, 555, 549, 554, 558, 513, 531, 509, 506.
„ VIII.	1.—19.	„	„ 629, 591, 602, 617, 618, 595, 584, 601, 605, 581, 633, 614, 606, 625, 583, 574, 566, 580, 576.
„ IX.	1.—14.	„	„ 660, 662, 653, 685, 702, 687, 651, 638, 672, 635, 692, 705, 648, 659.
„ X.	1.—18.	„	„ 733, 715, 747, 779, 720, 735, 753, 729, 774, 742, 760, 724, 767, 748, 714, 761, 711, 755.
„ XI.	1.—16.	„	„ 804, 810, 854, 821, 811, 856, 840, 820, 847, 805, 786, 849, 830, 833, 814, 855.
„ XII.	1.—26.	„	„ 874, 870, 875, 868, 866, 877, 885, 882, 879, 886, 873, 884, 880, 867, 863, 865, 871, 869, 872, 876, 878, 864, 861, 862, 883, 881.
„ XIII.	1.—6.	„	„ 890, 889, 887, 892, 888, 891.

32,9 % des taureaux exposés et 52,7 % des taureaux primés ont droit au certificat de saillie, contre 34,5 et 54,9 % respectivement l'année dernière. On est donc dans les deux cas plus sevère cette année-ci, et avec raison. Il est particulièrement important de choisir les jeunes taureaux avec soin, car on constate assez souvent qu'après la délivrance du certificat de saillie, ils changent à leur désavantage et ne semblent plus le mériter l'année suivante.

Le jury constate de nouveau une amélioration réjouissante de la qualité des animaux des diverses classes. Il est vrai que seule l'étude approfondie des rapports généralement très sommaires des diverses sections du jury révèle immédiatement que la qualité des animaux présentés à certains marchés-concours antérieurs a déjà été meilleure. Certaines classes d'âge contiennent bien quelques bons sujets en tête de ligne, et jusqu'au milieu d'autres de bonne qualité moyenne, dignes d'être primés. Les juges constatent cependant que dans la plupart des cas, un nombre relativement élevé d'animaux inférieurs sont présentés, dont les membres particulièrement laissent à désirer. Comme ces animaux gâtent plutôt l'ensemble du marché, il serait préférable qu'ils n'y soient pas exposés. Bien qu'en adressant les formulaires d'inscription, on insiste toujours auprès des éleveurs afin qu'ils n'exposent que des sujets de qualité réellement bonne ou même supérieure, ils en envoient tous les ans qu'ils feraient mieux de garder chez eux. Etant donné la difficulté d'écouler notre bétail, spécialement à l'étranger, ces éleveurs-là ne peuvent absolument pas s'en tirer. On ne fait pas ces constatations seulement au marché d'Ostermundigen, mais dans une toute aussi forte mesure aux autres marchés-concours de taureaux des fédérations d'élevage des races tachetées et brune. Il ne sera pas possible de remédier à cet état de choses sans tenir des concours éliminatoires, car 30 années d'expérience prouvent que les meilleures recommandations ne servent à rien, chacun pensant trouver un acheteur pour ses taureaux de qualité inférieure. Il est évident que ces animaux une fois élevés doivent être vendus, mais ils portent préjudice aux marchés-concours auxquels ils sont exposés. De plus, les concours éliminatoires seraient trop coûteux; il ne serait pas possible de se procurer les fonds qu'ils nécessiteraient.

Il ne faut pas oublier qu'avec les superbes possibilités qu'il offre aux éleveurs aussi bien qu'aux acheteurs, le marché-concours de taureaux de la Fédération a pour effet de niveller les prix et présente certains inconvénients. En ce qui concerne la qualité, le jury place les animaux inférieurs là où ils le méritent et ceux qui peuvent lui échapper sont dépistés par les acheteurs. Mais un autre inconvénient des marchés réside dans le commerce intermédiaire illoyal. On y rencontre des gens qui veulent « faire des affaires » rapidement et sans peine et sur lesquels il est difficile de mettre la main, parce qu'on ne les découvre généralement qu'au moment où l'on reçoit des plaintes sur leur trafic peu reluisant.

Dans cette même catégorie se rangent des intermédiaires qui profitent et qui se soustraient au paiement de la commission sur les ventes. En allant au fond des choses, on constate que ces vilaines machinations sont souvent appuyées ou tout au moins tolérées par les exposants eux-mêmes. Dans tous les cas, il est difficile de détruire le trafic intermédiaire illoyal, surtout lorsque des dirigeants de syndicats s'abaissent à payer une commission à ces trafiquants peu recommandables, pour leur faire vendre leurs animaux.

La qualité des taureaux des diverses classes d'âge se présente comme suit, sur la base des listes de primes officielles et des rapports succincts des sections du jury:

Ire catégorie:	Sujets en tête de la classe uniformes, aucun d'élite. Défaut principal: membres trop fins.
IIe »	Sujets méritant moins d'être primés que ceux de l'année dernière, par contre meilleurs quant au développement de l'ossature.
IIIe »	Bonne classe moyenne, pas de sujets d'élite en tête.
IVe »	Quelques bons sujets en tête et assez bons jusqu'au milieu de la classe, par contre les derniers sont plutôt médiocres.
Ve »	Bons sujets en tête, le reste de qualité moyenne.
VIe »	Aucun sujet s'élite. Le défaut le plus général est la faiblesse des membres. Il eût été mieux de ne pas amener au marché les animaux qui ne sont pas primés dans cette catégorie.
VIIe »	Le taureau en tête de la classe est excellent, les autres sont de qualité moyenne jusqu'au milieu et le reste de la classe contient relativement beaucoup de sujets médiocres.
VIIIe »	Qualité moyenne, avec un sujet excellent en tête. Les animaux non-primés sont en partie de qualité inférieure. Beaucoup d'entre-eux, trop étroits et à l'ossature trop faible, n'auraient pas dû être exposés.
IXe »	Bonne impression générale. La première moitié de la classe est de bonne qualité.
Xe »	Bon sujet en tête et bonne qualité moyenne jusque vers le milieu de la classe. La seconde moitié est plutôt médiocre.
XIe »	En tête, deux sujets remarquables. Dans son ensemble, la qualité est bonne à très bonne.
XIIe »	Bonne qualité moyenne, avec quelques sujets de premier choix en tête.
XIIIe »	En tête, des sujets d'élite tout à fait remarquables, très pesants, mais manquant un peu d'uniformité quant au développement et à l'harmonie des formes.

En résumé, le marché laisse bien une impression générale favorable, mais il y a encore un trop grand nombre d'animaux dont l'ossature trop fine laisse plutôt à désirer. On était habitué à exiger beaucoup de la race tachetée rouge dans cette direction. N'a-t-on pas prétendu à plusieurs reprises, et notamment lors de la dernière exposition suisse d'agriculture à Berne, que le bétail tacheté rouge était trop grossier de squelette, que quelques sujets ressemblaient à des éléphants? Il faut bien se garder d'exagérer. Pendant un certain temps, pour satisfaire une mode ridicule de l'étranger, on a élevé des sujets de trop haute taille, notamment dans les régions d'élevage typiques. La taille élevée n'était somme toute pas un défaut quand les sujets étaient suffisamment larges et profonds, mais elle devenait dangereuse là où elle n'était due qu'à la longueur des canons.

Plusieurs années déjà avant les expositions nationales de Frauenfeld en 1903 et de Lausanne en 1910, les voix ne manquaient pas qui nous mettaient en garde contre la sélection d'animaux encore plus hauts sur jambes, simplement parce que l'expérience a démontré qu'en général les trop grands animaux ne sont pas particulièrement rentables. Ces conseils n'ont pas été suivis par les éleveurs, individuellement. Dans tous les cas, aux marchés-concours de taureaux, aux concours éliminatoires et aux concours cantonaux, on a constaté de bien plus fortes différences de taille que chez n'importe quelle autre race de bétail à aptitudes combinées, à tel point que l'impression d'ensemble en était gâtée. Mais c'est l'exposition de Berne en 1925 qui a clairement révélé aux éleveurs qu'ils étaient arrivés à la limite de la taille; dès lors, on tend un peu partout à la diminuer. Les bons résultats de la nouvelle tendance se font déjà remarquer à nos marchés-concours de taureaux et contribuent à l'uniformité du coup-d'œil. Comme le canton de Berne est le plus grand et celui que l'on considère comme donnant le ton dans les questions d'élevage, il est important que les animaux trop hauts sur jambes soient dépréciés ou même exclus des concours dans ce canton. Il est clair qu'il faut prévoir à cet effet une certaine période de transition, car ce serait une mesure trop radicale d'exclure sans autre les taureaux trop hauts sur jambes des lignées les plus précieuses.

159 des 524 taureaux primés inscrits sur la liste sont marqués du signe ⊙ qui indique qu'une quelconque de leurs ancêtres femelles a été soumise au contrôle laitier sous la direction de la Fédération. C'est là une notable augmentation du nombre des taureaux descendants de vaches sous contrôle, si l'on tient compte du nombre total des taureaux exposés, qui est de 300 inférieur à celui de l'année dernière. Les observations faites jusqu'ici sur l'influence supposément défavorable du fort rendement laitier sur la santé, la résistance des animaux ou même sur l'affaiblissement du squelette, ne permettent pas encore de tirer aucune conclusion. Il semble opportun toutefois de faire des enquêtes dans cette direction, puisque nous avons déjà six années de contrôle derrière nous. Les rapports de gestion des fédérations de syndicats d'élevage nous renseignent largement sur les vaches soumises au contrôle laitier. Ces renseignements sont vulgarisés par l'Annuaire agricole de la Suisse et par les Herd-books suisses. On constate cependant que, malgré cette grande diffusion, ce domaine n'a pas encore été étudié méthodiquement et scientifiquement. On pourrait tirer de cette étude d'intéressantes conclusions sur les lignées de sang, indépendamment du fait que le but du contrôle laitier est pourtant d'éliminer de l'élevage les animaux dont le rendement est insuffisant, c'est-à-dire d'appuyer la sélection systématiquement. Il est possible ou même certain qu'aujourd'hui déjà, sans que le public s'en rende compte, l'éleveur prend les mesures qui lui sont suggérées parles certificats de rendement. D'autre part, les volumes du Herd-book suisse de la race du Simmental publiés jusqu'ici contiennent encore très peu de vaches contrôlées. Il faudra donc remettre l'étude méthodique des résultats du contrôle laitier à plus tard. Il serait cependant excessivement précieux pour l'encouragement pratique de l'élevage, de pouvoir constater irréfutablement, sur la base de ces résultats, dans quelle mesure le taureau peut transmettre les caractères laitiers et beurriers.

Quant aux *collections*, elles sont beaucoup moins nombreuses qu'aux marchés antérieurs. 4 seulement des 6 collections sans le père, inscritesau catalogue sont exposées. Par contre, la qualité et particulièrement l'uniformité des sujets sont en partie très bonnes. C'est surtout le cas de la collection Held MM 32 Blankenbourg, du Syndiacat d'élevage de Trub, qui comprend 20 descendants, tous primés, dont 13 ont droit au certificat de saillie. Mais les autres collections contiennent aussi de très bons sujets, pour la plupart très uniformes.

Du fait qu'il y a aujourd'hui en tout 5 marchés-concours de taureaux de fédérations dans le rayon de la race tachetée rouge, il est difficile de réunir de collections aussi complètes qu'on le désirerait. Ce ne sont toujours que des collections partielles. Aussi ne peut-on pas se faire une idée parfaite de la véritable puissance héréditaire d'un taureau. Dans la plupart des cas, les descendants sont exposés au marché de la Fédération dans le rayon de laquelle le taureau a servi à l'élevage pendant assez longtemps, avec plus ou moins de succès.

Suit la liste des 7 collections primées:

1. Collections exposées avec le père.

1er rang: *Syndicat d'élevage de Münsingen.* Père *Julius* MM 119 Hasle, nº du catalogue 890, avec 7 descendants, dont 6 primés et 5 ayant droit au certificat de saillie.

Récompenses: au Syndicat de Münsingen frs. 80.—, médaille de vermeil de la Fédération et diplôme;
à Joh. Burkhalter, Obermühle, Hasle, éleveur du père, diplôme.

2e rang: *Fritz Marbach, Grossried* et *K. Brüllhart, Givisiez.* Père *Néro* MM 76 Aeschi, nº du catalogue 891, avec 12 descendants, dont 9 primés et 5 ayant droit au certificat de saillie.

Récompenses: à Fritz Marbach, Grossried et à K. Brullhart, Givisiez, médaille de vermeil de la Fédération et diplôme.

3e rang: *Jean Wyssmüller, Bulle.* Père *Alois* MM 457 Diemtigen II, nº du catalogue 884, avec 8 descendants, dont 6 primés et 3 ayant droit au certificat de saillie.

Récompenses: à Jean Wyssmüller, Bulle, médaille de vermeil de la Fédération et diplôme;
à Mde. Vve. Klossner et fils, Bergli, Diemtigen, éleveur du père Alois, diplôme.

2. Collections exposées sans le père.

1er rang: *Syndicat d'élevage de Trub.* Père *Held* MM 32 Blankenburg, nº du catalogue 1193, marché de Berne 1927, avec 20 descendants tous primés, dont 13 ayant droit au certificat de saillie.

Récompense: au Syndicat de Trub frs. 100.—, médaille de vermeil de la Fédération et diplôme.

2e rang: *C. Hofer, Erlenbach.* Père *Roland* MM 214 Erlenbach, nº du catalogue 1179, marché de Berne 1927, avec 13 descendants, dont 11 primés et 6 ayant droit au certificat de saillie.

Récompense: à C. Hofer, Erlenbach, médaille de vermeil de la Fédération et diplôme.

3e rang: *Syndicat d'élevage de Scharnachtal.* Père *Franz* MM 32 Aeschi, nº du catalogue 1024, marché de Berne 1926, avec 17 descendants, dont 11 primés et 4 ayant droit au certificat de saillie.

Récompense: au Syndicat de Scharnachtal frs. 70.—, médaille de vermeil de la Fédération et diplôme.

4e rang: *Syndicat d'élevage de Faltschen.* Père *Armand,* MM 319 Diemtigen II, nº du catalogue 1025, marché de Berne 1927, avec 13 descendants, dont 8 primés et 2 ayant droit au certificat de saillie.

Récompenses: au Syndicat de Faltschen frs. 70.—, médaille de vermeil de la Fédération et diplôme;
à Werner Kunz, Oey, éleveur du père Armand, diplôme.

Le concours a donné les résultats suivants dans les différentes catégories:

Catégorie	Nombre de sujets exposés	primés	%	Primes frs.
I	78	41	52	486.—
II	73	48	65	567.50
III	79	49	62	572.—
IV	78	49	63	625.50
V	80	49	61	634.—
VI	70	31	44	519.50
VII	71	47	67	617.50
VIII	71	40	56	627.50
IX	68	49	72	676.50
X	70	53	76	712.—
XI	68	36	53	688.50
XII	26	26	100	467.50
XIII	6	6	100	192.50
Total	837	524	62	7386.50

Le somme totale versée comme primes se répartit de la manière suivante:

a.	Primes individuelles, y compris frs. 241.50 de suppléments pour le rendement laitier contrôlé des mères	frs. 7386.50
b.	Primes en argent à 4 collections	» 320.—
	Total	frs. 7706.50

Comparativement au marché de l'année dernière, auquel il a été décerné frs. 12,034.50 de primes, ce montant est notablement réduit cette année, tant par la diminution du nombre de sujets exposés, que par celle des primes elles-mêmes. Aussi est-il inutile de comparer le montant de la prime moyenne par tête, d'une année à l'autre. La réduction du montant des primes s'imposait, car il faut que le marché s'entretienne lui-même, ce qui rend inadmissible l'allocation de primes plus élevées que les sommes que nous recevons dans ce but de la Confédération et des cantons.

Considérant le petit nombre d'animaux exposés, la fréquentation du marché est assez forte, bien qu'elle n'atteigne pas celle des premières années d'après-guerre. Cela est dû en grande partie au fait que les récoltes de céréales et de regain (là où il est possible de faner une seconde coupe) sont rentrées depuis longtemps et que les éleveurs ont ainsi le temps de visiter le marché. Il ne faut pas oublier que nous avons 5—6 marchés annuels cantonaux et régionaux dans le rayon d'élevage de la race tachetée rouge, et que ce nombre augmentera encore. Certains éleveurs, et même parmi les dirigeants, font erreur en croyant encourager l'écoulement du bétail par la création de nouveaux marchés. Ils oublient que ce n'est pas l'éleveur, mais bien plutôt le marchand de bétail qui voyage d'un marché à l'autre, qui en profite. Malgré cela, la tendance à ne tenir qu'un seul marché central, où l'on n'exposerait que des sujets de choix, n'a pas encore disparu. Les expériences futures démontreront que ceux qui entrevoient le remède à la crise d'écoulement de notre bétail dans la multiplication des marchés-concours, sont mal inspirés.

Quant aux prix obtenus au XXXe marché de Berne-Ostermundigen, comparés à ceux de l'année dernière, ils sont non seulement notablement inférieurs, mais ils accusent aussi des déplacements. Alors qu'en 1927, le prix maximum est encore de frs. 7000.—, il tombe à frs. 4000.— cette année. Puis la liste des ventes de 1927 en mentionne 16 de frs. 3000.— à frs. 4000.—, tandis qu'au marché de cette année, il n'y en a que 9. Les ventes de frs. 500.— à frs. 1000.— sont à peu près aussi nombreuses, alors que celles de frs. 1000.— à frs. 1500.— sont moins nombreuses, absolument et proportionnellement. Ce qui frappe le plus, c'est le fait qu'au marché de cette anné, 28 taureaux n'ont pu être vendus qu'à des prix ne dépassant pas frs. 400.—, le plus bas de tous n'étant que de frs. 360.—. Il s'agit, il est vrai, de taureaux qu'il aurait mieux valu ne pas élever ou alors ne pas envoyer au marché-concours, car il est impossible de faire un bénéfice sur un taurillon de frs. 400.—.

Le nombre des ventes en première main, annoncées pour la plupart pendant le marché, s'élève à 571, celui des ventes en seconde main, en partie annoncées après coup, à 54. Cela fait un total de 625 ventes portées à la connaissance du bureau du marché. Ces ventes représentent la somme totale de frs. 657,575.— et une commission de frs. *10,139.75.*

Comme aux marchés antérieurs, un certain nombre d'exposants et surtout de marchands-intermédiaires n'ont pas payé la commission due. Cela n'est possible, dans la plupart des cas, que si les intéressés s'entendent entre-eux et c'est d'autant moins reluisant, quand les exposants eux-mêmes s'y prêtent, comme cela arrive ci et là.

Le prix moyen obtenu au XXXe marché-concours pour les 571 ventes en première main atteint frs. *1059.*—; il est ainsi de frs. 72.— inférieur à celui de l'année dernière. Il était de:

frs. 1131.— au 29e marché de 1927,
» 1123.— » 28e » » 1926 et
» 1334.— » 27e » » 1925.

La plus forte baisse de prix, de frs. 211.— par tête, a eu lieu de 1925 à 1926. Il est évident que ces baisses successives empirent graduellement la crise d'écoulement de notre bétail d'élevage.

La proportion des animaux vendus s'élève à 68,2 %, contre 63,9 % au 29e, 66,9 % au 28e et 61,7 % au 27e marché-concours.

Le tableau ci-dessous indique le nombre des ventes dans les différentes classes d'âge et les prix obtenus:

Age	Nombre des taureaux		%	Prix moyen par tête
	exposés	vendus		fr.
7—12 mois	375	253	67,4	877.—
1—2 ans	426	312	73,2	1225.—
2—3 »	33	6	16,2	1468.—
plus de 3 »	5	—	—	—
Totaux et moyenne	837	571	68,2	1059.—

Les prix de vente se montent à

frs. 4000	dans	3 cas,
» 3000—4000	»	9 »
» 2000—3000	»	36 »
» 1500—1999	»	56 »
» 1000—1499	»	134 »
» 500— 999	»	305 »
jusqu'à frs. 400	»	28 »

Les ventes se font pour les destinations suivantes:

Canton de Berne	224	taureaux
» » Soleure	71	»
» » Argovie	37	»
» » Fribourg	36	»
» » Lucerne	24	»
» » Zurich	22	»
» » Vaud	28	»
» » Neuchâtel	12	»
» » Genève	13	»
» » Thurgovie	14	»
» » Bâle-Campagne	13	»
» » Bâle-Ville	8	»
» » Schaffhouse	4	»
» » Zoug	1	»
Hongrie	22	taureaux
Allemagne	20	»
France	9	»
Tschécoslovaquie	2	»
Autriche	1	»
Brésil	2	»
Destination inconnue	8	»

La proportion des sujets vendus en Suisse est à peu près la même qu'en 1927. Elle est un peu plus forte pour les cantons de Neuchâtel et de Genève. Pour les autres cantons elle est un peu plus faible absolument, un peu plus forte proportionnellement, notamment pour les cantons de Berne et de Fribourg.

La France est représentée au marché par plusieurs groupes d'intéressés qui n'y viennent, il est vrai, qu'à titre d'observateurs. Le nombre des animaux vendus pour l'étranger est inférieur de 16 à celui de l'année dernière.

C'est cette année le gouvernement hongrois qui paie les prix les plus élevés, puis viennent les acheteurs de la Tschécoslovaquie, du Brésil, de l'Allemagne et de la France. Il devrait pourtant être possible avec le temps d'exporter davantage de taureaux entre frs. 1500.— et frs. 2000.—, mais pour le moment, nous ne pouvons pas compter sur de gros chiffres d'exportation, ni chez nos anciens clients, ni chez de nouveaux.

IV. Contrôle laitier.

Le contrôle laitier prend de l'extension d'une année à l'autre, en raison de l'importance croissante que les éleveurs y attachent. Le nombre des participants augmente sans cesse. Le meilleur moyen de l'encourager dans notre pays, c'est d'apprécier le certificat de rendement à sa juste valeur aux marchés de bétail d'élevage et aux concours publics, puis d'allouer des primes supplémentaires, comme on l'a fait pendant bien des années pour le certificat d'ascendance.

Le contrôle laitier est introduit cette année dans 31 nouveaux syndicats fédérés. Les résultats du contrôle laitier de 93 syndicats ont été publiés il y a deux ans, contre 114 l'année dernière. Si nous comptons encore ceux qui ont inauguré le contrôle le 1er octobre, le nombre total des syndicats intéressés s'élève à 145. Le nombre des résultats normaux, c'est-à-dire qui couvrent toute une période de lactation, depuis le vêlage jusqu'au tarissement, respectivement jusqu'à une nouvelle mise-bas, a quelque peu diminué, temporairement. Il en est de même des résultats irréguliers, c'est-à-dire de ceux qui ne couvrent pas tout l'intervalle des vêlages. Force nous est donc de publier 186 résultats normaux de moins que l'année dernière. Bien des éleveurs préfèrent suspendre le contrôle au bout de 365 jours de traite par exemple. Dans ces cas-là, il s'agit d'un contrôle qui ne dure qu'une partie déterminée seulement de l'intervalle des vêlages. Cette suspension prématurée du contrôle est avantageuse en ce sens qu'on n'a pas besoin d'attendre ni le tarissement ni le nouveau vêlage pour obtenir le rendement annuel, aussitôt que le contrôle est suspendu. Dans d'autres cas où il s'agit de vendre des reproducteurs, notamment des taurillons de grande valeur, cette méthode peut également présenter un certain avantage. Mais c'est quand le contrôle s'étend *à tout l'intervalle des vêlages* que l'on obtient les renseignements les plus exacts et les plus certains sur la valeur économique de l'animal. Il est vrai que nous avons toujours cherché à répondre au vœu des éleveurs qui désiraient obtenir les résultats le plus vite possible après la période de contrôle, afin de pouvoir s'en servir pour orienter la sélection. Quant au reste, le contrôle laitier occupe bientôt un employé du bureau de la Fédération pendant toute l'année et même plusieurs, très activement, pendant le premier trimestre.

On constate avec satisfaction qu'en général les contrôleurs aussi bien que les propriétaires qui prélèvent les échantillons, remplissent leur devoir consciencieusement et cherchent à procéder aux épreuves régulièrement et exactement. Il y a évidemment des exceptions qui nécessitent des observations. Dans son ensemble, la machine fonctionne de façon satisfaisante et prouve que le système que nous avons adopté, où les propriétaires des animaux aussi bien que les contrôleurs pèsent le lait, a fait ses preuves. Dans tous les cas, ce système jouit d'une certaine popularité du fait qu'il est bien moins coûteux que les autres, ce qui est un grand avantage. Cette collaboration du propriétaire et du contrôleur est tout à fait heureuse et là où tous deux font leur devoir, ils doivent obtenir des résultats absolument sûrs. On peut certainement admettre que le contrôle laitier n'aurait jamais pris cette extension en si peu de temps dans notre pays, si on n'avait pas suivi cette voie. Il est juste de dire que comparativement à notre troupeau laitier, et surtout aux 52,000 vaches inscrites dans les registres généalogiques des syndicats fédérés, le nombre de celles qui sont soumises au contrôle laitier est toujours encore bien modeste.

Il est beaucoup plus difficile d'exercer un contrôle exact et régulier dans notre pays montagneux, à petite et moyenne propriété, que dans les pays de plaine basse. C'est particulièrement le cas pendant l'été, alors que les vaches des syndicats alpestres sont à la montagne. Mais malgré tous ces obstacles, les éleveurs des régions alpestres saisissent parfaitement l'utilité du contrôle laitier pour leur aider à surmonter les difficultés d'écoulement de leur bétail et ils cherchent à l'étendre le plus possible.

Les frais du contrôle augmentent considérablement du fait que certains syndicats n'y soumettent qu'un nombre restreint de leurs vaches. Aussi exprimons-nous ici le vœu ardent que partout où on l'a introduit, on cherche à y soumettre le plus grand nombre de vaches enregistrées possible.

Les syndicats suivants inaugurent le contrôle laitier pendant l'année du rapport:

Cantons

Berne:	Erlenbach III, Gruben, Guggisberg, Kiesen-Oppligen, Langenthal II, Mittleres Gürbetal, Pohlern-Kärselen, Rapperswil, Ringgenberg, Wattenwil.
Argovie:	Oberkulm.
Fribourg:	Albeuve, Cottens, Girmels, Le Mouret, Romont, Vuadens.
Neuchâtel:	La Brévine, Le Locle.
Genève:	Céligny, Collex, Genthod-Bellevue, Jussy, Meyrin, Puplinge, Saconnex, Satigny, Vandœuvres, Veyrier-Troinex.
Valais:	Leuk, Törbel.

C'est dans le canton de Genève que le plus grand nombre de syndicats inaugurent le contrôle, parce que le Département de l'agriculture s'occupe de la chose et qu'il prévoit une aide financière, conjointement avec l'allocation de subsides pour l'achat de bons taureaux de syndicats. Il est vrai que jusqu'ici les syndicats qui se sont annoncés pour le contrôle ne l'ont pas encore tous commencé.

Canton et syndicat	Epreuves terminées pendant l'année 1928					
	Epreuves terminées normalement	Epreuves terminées prématurément ou irrégulières	Total	Vaches obtenant la marque de bonne laitière		Vaches ne méritant pas la marque
				£	(£)	
A. Canton de Berne.						
1. Aeschi	15	3	18	6	7	5
2. Aeschiried	9	4	13	6	3	4
3. Arni	10	7	17	4	5	8
4. Belp	10	4	14	2	10	2
5. Biglen	5	4	9	1	8	—
6. Blankenburg	6	1	7	1	6	—
7. Bolligen	2	2	4	—	4	—
8. Boltigen	—	9	9	—	9	—
9. Bunschen	5	2	7	3	4	—
10. Berthoud	13	2	15	4	3	8
11. Därstetten I	—	1	1	—	1	—
12. Deisswil-Wiggiswil-Ballmoos	3	2	5	—	5	—
13. Delémont	5	3	8	3	4	1
14. Diemtigen I	16	11	27	—	26	1
15. Diemtigen II	8	3	11	2	9	—
16. Diemtigen III	6	4	10	—	10	—
17. Diemtigen V	9	5	14	1	10	3
18. Diemtigen VII	20	7	27	8	17	2
19. Ebnit	11	6	17	1	15	1
20. Emmenmatt	—	3	3	—	2	1
21. Erlenbach I	24	17	41	11	21	9
22. Fraubrunnen	7	7	14	4	9	1
23. Grasswil	4	1	5	1	4	—
24. Gstaad	22	8	30	9	17	4
25. Heiligenschwendi	13	8	21	10	10	1
26. Herzogenbuchsee	5	9	14	2	9	3
27. Hindelbank	8	4	12	1	5	6
28. Jegenstorf	5	13	18	4	12	2
29. Interlaken	8	5	13	4	6	3
30. Kirchlindach	22	12	34	12	16	6
31. Langenthal	22	3	25	5	6	14
32. Lenk I	1	18	19	3	1	15
33. Lützelflüh	18	6	24	12	3	9
34. Lyss	1	1	2	—	1	1
35. Meikirch	18	5	23	9	7	7
36. Mittleres Gürbetal	2	2	4	1	1	2
37. Münsingen	8	13	21	9	1	11
38. Muri-Gümligen	1	4	5	2	1	2
39. Oberdiessbach	6	1	7	2	5	—
40. Oberhasli	18	4	22	9	12	1
41. Oberwil i. S.	7	2	9	—	8	1
42. Oesch	13	11	24	12	—	12
43. Oschwand	7	3	10	1	8	1
44. Pohlern	4	6	10	3	5	2
45. Pohlern-Kärselen	—	2	2	—	—	2
46. Reidenbach-Schwarzenmatt	6	3	9	3	6	—
47. Ried près Schlosswil . . .	8	1	9	1	8	—
48. Riggisberg	26	5	31	9	18	4
49. Rubigen	14	5	19	10	4	5
50. Gessenay I	11	3	14	3	10	1
51. Gessenay II	4	4	8	1	4	3
52. Saanenmöser	10	4	14	6	3	5
53. Schüpfen	4	6	10	4	5	1
54. Seedorf près Aarberg . . .	13	4	17	6	7	4

Canton et syndicat	Epreuves terminées pendant l'année 1928					
	Epreuves terminées normalement	Epreuves terminées prématurément ou irrégulières	Total	Vaches obtenant la marque de bonne laitière		Vaches ne méritant pas la marque
				£	Ⓛ	
55. Sigriswil	9	5	14	6	5	3
56. Sumiswald	6	4	10	4	4	2
57. Uetendorf	14	3	17	6	8	3
58. Uettligen	3	7	10	1	7	2
59. Wei senbach i. S.	16	1	17	5	12	—
60. Wimmis	15	10	25	1	15	9
61. Wohlen	6	4	10	2	5	3
62. Worb	9	2	11	9	2	—
63. Zimmerwald	14	9	23	6	14	3
64. Zweisimmen II	8	4	12	1	9	2
Canton de Berne, total	**593**	**332**	**925**	**252**	**472**	**201**
B. Canton de Fribourg.						
1. Alterswil	2	2	4	—	4	—
2. Avry-sur-Matran	12	1	13	1	12	—
3. Bellechasse	16	3	19	10	6	3
4. Belfaux	9	5	14	5	8	1
5. Bulle	10	—	10	—	10	—
6. Châtelard	6	5	11	—	11	—
7. Guin	21	7	28	8	15	5
8. Fribourg	3	5	8	—	6	2
9. Grangeneuve	1	1	2	2	—	—
10. Gruyères	5	2	7	3	3	1
11. Heitenried	13	11	24	5	14	5
12. Marly	7	5	12	4	5	3
13. Montagny-la-Ville	25	6	31	13	16	2
14. Morat	19	11	30	5	18	7
15. Riaz	11	2	13	2	11	—
16. Ried, See	2	7	9	2	5	2
17. Schmitten	55	50	105	23	55	27
18. St-Antoni	13	3	16	6	7	3
19. Tafers	10	14	24	8	10	6
20. Ueberstorf	6	4	10	1	8	1
21. Vuisternens-devant-Romont	13	3	16	—	16	—
22. Wunnewil	5	3	8	1	6	1
Canton de Fribourg, total	**264**	**150**	**414**	**99**	**246**	**69**
C. Canton de Soleure.						
1. Rüttenen	2	1	3	1	2	—
2. Schnottwil	2	2	4	1	3	—
Canton de Soleure, total	**4**	**3**	**7**	**2**	**5**	—
D. Canton de Bâle-Campagne.						
1. Buus	1	4	5	2	2	1
2. Diegtertal	2	4	6	1	5	—
3. Langenbruck	3	4	7	—	1	6
4. Reigoldswil	17	7	24	3	7	14
5. Waldenburgertal	7	8	15	6	7	2
Canton de Bâle-Camp., total	**30**	**27**	**57**	**12**	**22**	**23**

Canton et syndicat	Epreuves terminées pendant l'année 1928					
	Epreuves terminées normalement	Epreuves terminées prématurément ou irrégulières	Total	Vaches obtenant la marque de bonne laitière		Vaches ne méritant pas la marque
				£	(£)	
E. Canton d'Argovie.						
1. Eigenamt	4	—	4	3	1	—
2. Kölliken	3	2	5	2	2	1
3. Rheintal	13	3	16	6	2	8
4. Rued	8	12	20	7	4	9
5. Schöftland	6	3	9	5	3	1
6. Seetal	12	2	14	4	6	4
7. Siggenthal	4	1	5	1	—	4
Canton d'Argovie, total	**50**	**23**	**73**	**28**	**18**	**27**
F. Canton de Lucerne.						
1. Ebersecken	**8**	**6**	**14**	**2**	**10**	**2**
G. Canton de Vaud.						
1. Brenles-Chésalles-Sarzens	1	1	2	—	2	—
2. Cuarny	14	6	20	4	13	3
3. Gryon I	3	—	3	2	—	1
4. La Tour-de-Peilz	—	1	1	—	1	—
5. Marchissy	4	1	5	2	3	—
6. Monts-de-Lavaux	4	8	12	4	2	6
7. Puidoux-Chexbres	5	5	10	2	6	2
8. Vuarrens	4	5	9	3	4	2
Canton de Vaud, total	**35**	**27**	**62**	**17**	**31**	**14**
H. Canton de Neuchâtel.						
1. Boudry-Est	12	5	17	8	5	4
2. La Béroche	4	2	6	—	5	1
3. La Chaux-de-Fonds	9	2	11	6	2	3
4. Val-de-Ruz	15	13	28	10	9	9
Canton de Neuchâtel, total	**40**	**22**	**62**	**24**	**21**	**17**
J. Canton de Genève.						
1. Dardagny-Russin	**10**	**5**	**15**	**4**	**7**	**4**
Total 114 syndicats d'élevage (1927: 93)	**1034** (1063)	**595** (752)	**1629** (1815)	**440** (436)	**832** (904)	**357** (475)
En % (1927)	**63,5** (58,5)	**36,5** (41,5)	**100** (100)	**27,0** (24,0)	**51,0** (49,8)	**22,0** (26,2)

Suit un tableau des résultats moyens, pour des intervalles de vêlages complets et pour lesquels les vaches ont obtenu la marque de bonne laitière. A titre de comparaison, nous donnons aussi les résultats correspondants des cinq premières années de contrôle.

	1923	1924	1925	1926	1927	1928
Nombre de vaches contrôlées . .	256	478	689	913	913	880
Poids vif moyen des vaches contrôlées . . . . kg.	671	674	691	689,3	685,3	676,2
Nombre moyen de points obtenus	—	84,1	81,9	83,7	83,7	84,7
Durée de la lactation . . . jours	314	337	342	342	336	329
Durée de tarissement . . . »	58	53	54	57	56	58
Intervalle des vêlages . . . »	372	390	396	399	392	387
Rendement par période de lactation:						
Total de lait . . . . kg.	4437	4823,4	4775	4911	4831	4711,9
Lait par jour. . . . . . . »	14,1	14,3	14	14,4	14,4	14,5
Total de matière grasse . . »	176,1	193,7	191	196	192	185
Rendement en 365 jours:						
Total de lait . . . . kg.	4340	4526	4416	4497	4508	4453
Par 100 kg de poids vif . »	646	671,4	636,5	632,5	657,5	658
Matière grasse . . . . . . »	173,01	181,4	176,7	177,9	180	174,5
Rendement par jour de la période entre deux vêlages . . . . kg.	11,9	12,4	12,1	12,3	11,5	12,2
Teneur moyenne en matière grasse	3,97 %	4,01 %	4,00 %	3,99 %	3,98 %	3,93 %

Les conditions d'affouragement de l'été 1928 ne sont pas favorables à la production laitière. Il est vrai que nous avons une bonne récolte de foin, mais la sécheresse sans exemple du milieu de l'été réduit de beaucoup la seconde et la troisième coupe. Il en résulte une diminution de la production laitière en juillet et en août, tant quantitative que qualitative. En effet, la teneur en graisse du lait est inférieure à celle de toutes les autres années de contrôle. Cette diminution de 0,06 % de la matière grasse, comparativement à l'année dernière, est due probablement en partie au fait qu'au lieu de pouvoir donner de la jeune herbe savoureuse au bétail pendant les mois du milieu de l'été, il faut entamer les tas de foin dans bien des régions. Le rendement quantitatif de la production est naturellement affecté dans la même mesure ou encore davantage. Il est en moyenne de 121 kg. inférieur à celui de l'année dernière, par période de lactation. De même, le poids vif moyen des vaches, la période de lactation et l'intervalle des vêlages diminuent, tandis que la période de tarissement augmente de deux jours. Le rendement journalier durant la période de lactation augmente à peine, tandis que le rendement en graisse diminue automatiquement de quelques kilogrammes. Le nombre moyen de points obtenus augmente de 1 et atteint 84,7. Il en ressort on ne peut plus clairement, que les propriétaires choisissent très sévèrement les vaches qu'ils soumettent au contrôle. On peut donc parler en quelques sorte du contrôle laitier de l'élite de notre bétail d'élevage.

Comme les années précédentes, nous publions plus loin les tableaux:

a. des 20 vaches qui obtiennent les rendements de lait les plus élevés en 365 jours,

b. des 20 vaches dont le lait a la teneur en graisse moyenne la plus élevée,

c. des vaches qui atteignent les plus forts rendements de lait en 100 jours, pour des résultats normaux et des 20 vaches dont le rendement n'est pas calculé sur tout l'intervalle des vêlages,

d. des 20 vaches dont les rendements de lait pendant tout l'intervalle des vêlages sont les plus élevés.

Liste des 20 vaches qui ont donné les rendements les plus élevés en 365 jours.

Rang et nom de la vache	Numéro à la corne	Année de la naissance	Lactations	Nombre de points	Poids vif moyen	Durée de la lactation	Durée de l'intervalle des vêlages	Rendement de lait par lactation	Rendement de lait calculé en 365 jours	Teneur en graisse moyenne
					kg.	jour	jour	kg.	kg.	%
1. Sibelle . .	1338 Bulle	1920	5	86	—	332	361	7917	7993	3,81
2. Marmette	867 Vuisternens-dev.-Romont	1918	6	93	—	308	346	6565	6935	4,07
3. Bologna .	634 St-Antoni .	1919	5	82	—	261	346	5580	6643	3,85
4. Adler . .	1379 Bulle	1920	5	87	—	330	349	6297	6570	3,81
5. Schöneli .	1208 Wimmis . .	1919	5	92	—	334	373	6651	6497	3,93
6. Flora . .	221 Hindelbank .	1922	2	90	793	306	372	6538	6424	3,48
7. Véra. . .	1630 Bulle	1922	4	90	—	361	401	7094	6424	4,18
8. Fleurette	490 Le Châtelard	1922	3	81	630	318	346	6097	6424	4,22
9. Baron . .	182 Mont-de-Lavaux	1918	5	85	714	331	376	6631	6424	3,51
10. Tubi. . .	546 Kirchlindach	1920	4	88	740	325	365	6376	6376	3,65
11. Graf . .	1058 Bulle	1919	6	85	—	364	430	7505	6369	3,67
12. Moustache	586 Le Châtelard	1922	2	83	667	371	410	7050	6242	3,91
13. Jetta . .	5630 Oberdiessbach	1918	6	80	650	350	416	7014	6153	4,20
14. Berline .	1636 Bulle	1922	2	76	—	416	481	8054	6099	4,46
15. Meiel . .	1627 Diemtigen I .	1922	3	96	—	309	360	6000	6060	3,70
16. Pervanche	1492 Bulle	1922	4	89	—	348	383	6356	6059	3,91
17. Chamois .	1233 Bulle	1919	4	88	—	332	375	6195	6029	4,33
18. Kaiser . .	659 Ried-Schlosswil .	1919	4	82	634	319	360	5933	6023	4,24
19. Gölde I .	356 Uetendorf . .	1919	5	88	—	340	384	6323	6023	4,00
20. Krone . .	461 Reidenbach-Schwarzenmatt	1921	3	93	—	304	374	6160	5986	3,79

Liste des 20 vaches dont le lait a la teneur en graisse moyenne la plus élevée.

Nom de la vache	Numéro à la corne et syndicat	Année de la naissance	Nombre de points	Lactations	Durée de la lactation	Rendement de lait par lactation	Rendement de lait en 365 jours	Matière grasse en 365 jours	Teneur en graisse moyenne	Nombre des échantillons analysés	Marque de bonne laitière
						kg.	kg.				
Freude . .	137 Zweisimmen	1920	85	5	294	4505	4563	169,7	5,25	6	Ⓛ
Bella . . .	3000 Erlenbach .	1921	92	4	300	3266	3322	173,4	5,21	4	Ⓛ
Alma. . .	695 Riggisberg .	1923	82	2	316	4081	3833	200,8	5,20	5	Ⓛ
Schwalbe .	813 Schöftland .	1920	78	4	353	4517	3879	198,1	5,10	5	Ⓛ
Elegant .	131 Burgdorf .	1918	86	6	362	4147	3687	187,6	5,09	5	Ⓛ
Strauss . .	615 Riggisberg .	1922	84	3	342	4169	3833	194,5	5,08	4	Ⓛ
Lusti . .	264 Avry-s.-Matr.	1921	86	4	262	5502	5694	185,1	5,08	4	Ⓛ
Leu . . .	556 Aeschi . .	1921	94	4	308	4214	3833	194,9	5,04	6	Ⓛ
Freude . .	63 Diemtigen VII	1922	79	3	295	3759	3760	188,1	4,97	5	Ⓛ
Freude . .	579 Weissenbach	1920	91	4	306	3999	3869	122,0	4,87	5	Ⓛ
Helvetia .	311 Gstaad . .	1922	82	3	307	3523	3491	170,8	4,86	5	Ⓛ
Husar . .	752 Riggisberg .	1924	84	1	335	3489	3285	159,5	4,80	3	Ⓛ
Amalia . .	1301 Diemtigen I	1918	88	5	286	3927	4088	197,1	4,80	4	Ⓛ
Venus . .	11 Heiligenschwendi	1923	84	2	334	4109	3869	185,1	4,76	6	Ⓛ
Gurke . .	3031 Erlenbach .	1923	89	1	401	5447	4380	164,3	4,75	5	Ⓛ
Schwalbe .	3155 Erlenbach .	1924	88	1	277	3428	3614	164,9	4,73	4	Ⓛ
Flora. . .	500 Reidenbach-Schwarzenmatt	1922	89	2	306	5443	5256	188,7	4,73	4	Ⓛ
Helena . .	3069 Erlenbach .	1924	83	2	337	4430	3869	177,4	4,69	5	Ⓛ
Lotte . .	653 Ried chez Schlosswil .	1919	83	4	374	5043	4234	207,7	4,68	6	Ⓛ
Junker . .	79 Diemtigen III	1921	88	4	334	4300	4052	184,3	4,68	6	Ⓛ

Liste des 20 vaches qui ont donné les rendements de lait les plus élevés pendant les 100 premiers jours.

1. Résultats normaux.

Nom	N° et syndicat		Année de la naissance	Nombre de points	Nombre de vêlages	Nombre de jours de traite	Rendement de lait par lactation	Rendement de lait pendant les 100 premiers jours	Teneur en graisse %
Ribi	3312	Schmitten	1918	93	6	534	8001	3180	3,90
Sibelle	1338	Bulle	1920	86	5	332	7917	2984	3,81
Baron	182	Monts-de-Lavaux	1918	85	5	331	6631	2980	3,51
Flora	221	Hindelbank	1922	90	2	306	6538	2709	3,48
Graf	1058	Bulle	1919	85	6	364	7505	2677	3,67
Normandie	3442	Schmitten	1919	90	6	274	4596	2670	3,60
Déroute	1236	Bulle	1920	84	5	431	8178	2542	3,59
Strauss	291	Avry-sur-Matran	1919	85	5	326	5402	2528	4,18
Tubi	546	Kirchlindach	1920	88	4	325	6376	2499	3,65
Adler	1379	Bulle	1920	87	5	330	6297	2495	3,81
Gölde II	355	Uetendorf	1918	83	6	381	7243	2484	3,85
Gäbel	440	Riggisberg	1919	83	6	282	5428	2472	4,36
Rosetti	3908	Schmitten	1923	87	1	269	4915	2462	4,25
Gölde I	356	Uetendorf	1919	88	5	340	6323	2456	4,00
Schöneli	1208	Wimmis	1919	92	5	334	6651	2455	3,93
Bellonne	80	Cuarny	1921	82	4	291	5402	2400	3,72
Bologna	634	St-Antoni	1919	82	5	261	5580	2396	3,85
Marmotte	867	Vuisternens-dev.-Romont	1918	93	6	308	6565	2395	4,07
Flori	3742	Schmitten	1922	88	3	291	5465	2390	4,21
Bella	636	Rued	1922	79	3	309	5575	2388	3,93

2. Résultats incomplets.

Nom	N° et syndicat		Année de la naissance	Nombre de points	Nombre de vêlages	Nombre de jours de traite	Rendement de lait par lactation	Rendement de lait pendant les 100 premiers jours	Teneur en graisse %
Trini	3765	Schmitten	1921	89	3	365	7088	2786	3,79
Gölde	694	Blankenburg	1923	89	3	365	5639	2739	3,89
Lusti	489	Ried, See	1920	78	4	365	5270	2655	3,83
Junker	539	Boudry-Est	1922	86	3	365	6734	2640	4,14
Vreni	1261	Fribourg	1918	87	5	300	5943	2614	3,81
Mädi	471	Fraubrunnen	1921	84	4	250	4691	2573	—
Walda	3747	Schmitten	1920	87	3	365	6462	2569	3,66
Biche	550	Gruyères	1918	85	6	275	5691	2562	3,87
Blösch I	478	Muri-Gümligen	1919	91	5	300	5812	2547	4,11
Hirz	494	Pohlern	1920	89	3	365	6164	2525	4,31
Rösi	871	Morat	1918	86	6	365	6621	2481	3,53
Verdière	697	Marly	1918	91	5	365	6904	2469	4,17
Bethli	1066	Morat	1923	80	3	270	5589	2447	3,03
Bethli	606	Jegenstorf	1919	83	5	365	7188	2438	3,69
Räbi	452	Rubigen	1921	82	4	365	5260	2429	3,95
Oiseau	2124	Düdingen	1922	90	2	365	5538	2388	4,48
Blöschi	3310	Düdingen	—	—	—	365	5476	2356	4,53
Arena	193	Deisswil	1921	86	2	365	7211	2353	3,20
Ricke	409	Fraubrunnen	1920	84	4	365	5892	2345	3,90
Bella	500	Wohlen	1920	83	5	330	4928	2343	3,57

Liste des 20 meilleurs résultats incomplets.

Nom	N° et syndicat	Année de la naissance	Nombre de points	Lactation	Rendement de lait kg.	Rendement de lait en jours	Teneur en graisse %
Fleck	582 Waldenburgertal	1920	78,5	4	7572	365	4,01
Vreni	125 Herzogenbuchsee	1919	83	5	7351	365	3,52
Arena	193 Deisswil	1921	86	2	7211	365	3,20
Bethli	606 Jegenstorf . . .	1919	83	5	7188	365	3,69
Charmant	1011 Vuisternens-dev.-Romont	1919	93	4	7156	365	4,54
Bär.	948 Morat	1919	87	3	7063	365	3,56
Dametta	369 Le Châtelard . .	1919	74	5	7006	365	3,53
Flora	645 Interlaken . . .	1918	82	7	6989	365	4,00
Freude	1025 Morat	1919	80	5	6968	365	3,90
Verdière	697 Marly	1918	91	5	6904	365	4,17
Colomba	528 Le Châtelard . .	1922	77	3	6818	365	3,70
Chinthion	1238 Riaz	1920	85	3	6761	365	3,79
Blondine	1160 Fribourg	1918	90	5	6750	365	3,74
Junker	539 Boudry-Est . . .	1922	86	3	6734	365	4,14
Freude	650 Kirchlindach . .	1922	82	2	6695	365	3,60
Luste.	1265 Worb	1923	88	2	6678	365	3,86
Fürst	530 Pohlern.	1922	90	3	6646	340	4,62
Schenk	804 Boltigen	1920	86	4	6624	365	4,48
Rösi	871 Morat	1918	86	6	6621	365	3,53
Merlette	51 Cuarny	1920	88	5	6620	365	3,59

A la tête des bonnes laitières qui sont contrôlées pendant tout l'intervalle des vêlages, figure la vache «Sibelle» n° 1338 G. R. I., Bulle, avec un rendement de 7917 kg. (soit 7993 kg. en 365 jours) de lait dosant en moyenne 3,81 % de graisse. Par une curieuse coïncidence, dans le premier tableau des 20 vaches qui obtiennent le plus fort rendement en 365 jours, il s'en trouve 11 du canton de Fribourg, dont 7 du syndicat G. R. I., Bulle. Des rendements aussi élevés sont dûs à un concours de circonstances diverses, mais surtout à la sélection intelligente, à l'excellente alimentation et aux bons soins.

La championne des 20 vaches qui n'ont pas été contrôlées durant tout l'intervalle des vêlages, est «Fleck» n° 582, du Syndicat de Waldenburgertal, qui a donné pendant 365 jours 7572 kg. de lait à 4,01 % de graisse. Ce rendement est aussi excellent, d'autant plus qu'on ne cherche pas chez nous à atteindre de tels records. Il démontre que pendant de longues années, l'erreur s'est accréditée surtout à l'étranger, que la race du Simmental compte bien parmi les plus précoces, mais non parmi les bonnes laitières. Le contrôle laitier exercé depuis 6 ans sous la direction officielle de la Fédération a réfuté cette erreur, car elles sont rares les races à aptitudes combinées qui accusent des rendements de lait aussi élevés. Nous tenons à relever cette constatation tout spécialement dans le rapport de gestion de la Fédération.

Contrôle de la santé et de la fécondité.

Le contrôle de la santé et de la fécondité, prévu à l'art. 22 du Règlement de la Commission des fédérations suisses des syndicats d'élevage bovin concernant les épreuves de productivité a graduellement acquis un peu plus de popularité chez nos éleveurs et s'étend maintenant à un plus grand nombre d'animaux enregistrés. Aussi peut-il être opportun de s'en occuper également dans le rapport de gestion de la Fédération. Jusqu'au 31 décembre 1928, 84 syndicats font inscrire dans ce but en tout 690 vaches, marquées par un astérisque ✱ dans les registres généalogiques. Il est absolument opportun que les teneurs de ces registres cherchent à faire soumettre encore davantage d'animaux à ce très simple contrôle, ils rendront ainsi service aux éleveurs.

Nous constatons qu'à la suite d'une circulaire aux syndicats (qui traitait incidemment d'une autre question) un beaucoup plus grand nombre d'animaux sont déjà inscrits au contrôle de la santé et de la fécondité pour l'année 1929.

V. Exportation du bétail d'élevage et commerce indigène.

Ayant déjà traité ce sujet en détail dans le Rapport d'activité de la Commission des fédérations suisses d'élevage bovin, qui a été distribué à tous les syndicats fédérés, point n'est besoin d'entrer ici dans de longues considérations.

Les conditions d'écoulement de notre bétail tacheté rouge à l'étranger ne se sont malheureusement pas améliorées cette année encore. L'exportation aurait même certainement diminué, si la Confédération ne l'avait encouragée en assumant une partie des frais de transport des animaux, du 1er septembre au 30 novembre 1928. Grâce à cette mesure, le nombre des animaux exportés non seulement atteint, mais dépasse celui de l'année dernière.

Nous ne voulons pas entrer dans des détails sur les causes de la crise persistante de notre exportation de bétail, nous renvoyons les intéressés aux rapports antérieurs. Les énormes dettes du guerre qui grèvent la plupart des pays qui comptaient autrefois parmi nos meilleurs débouchés de bétail du Simmental, les forcent à restreindre dans la mesure du possible l'importation de bétail de race coûteux et d'améliorer leurs propres races indigènes. Cette tendance existait avant la guerre déjà, mais les suites de celles-ci ont créé la nécessité pour bien de ces pays de se libérer plus rapidement de l'importation.

On s'occupe activement en *France* ces derniers temps d'encourager l'élevage du bétail bovin en développant et les organisations d'éleveurs et les Herd-books plus particulièrement. On peut donc compter plutôt sur une reprise de l'exportation dans ce pays pendant quelques années à venir. Mais les éleveurs français cherchent à atteindre leur but le meilleur marché possible, en n'achetant que des veaux et ils l'atteindront s'ils élevent ces veaux rationnellement. Les régions limitrophes peuvent adopter ce procédé avec plus de succès que celles de l'intérieur. En général, la méthode d'amélioration la plus rationnelle et la plus rapide consiste à importer de bons reproducteurs, taureaux, génisses et jeunes vaches portantes.

C'est ainsi que procède la *Hongrie*, un pays qui dispose de grands troupeaux de bétail tacheté rouge, à grand rendement, mais qui reconnaît tout de même la nécessité de rafraîchir le sang de ces troupeaux, en important de bons taureaux de la Suisse.

Selon toutes les prévisions, la *Roumanie*, qui nous a acheté du bétail du Simmental par-ci par-là ces dernières années, va redevenir un meilleur débouché. Nous y exportons 68 têtes cette année.

Un immense territoire sur lequel nous fondions des espérances justifiées comme débouché de première classe pour le bétail du Simmental est la *Russie.* Mais dans ce domaine comme dans bien d'autres, tout y est abandonné. Un faible rayon d'espoir que les dirigeants au pouvoir ont reconnu la nécessité de relever les superbes troupeaux d'antan, ressort de l'achat en Suisse par le Gouvernement russe, de quelques taureaux de grande valeur pour les domaines de l'Académie agricole de Moscou.

On sait que la Commission des fédérations suisses d'élevage fait de sérieux efforts, ces dernières années, pour encourager l'exportation du bétail suisse outre-mer, notamment dans l'*Amérique du Sud.* En fait, il semble que le bétail brun ait un grand avenir dans ces pays-là. Il n'en est par contre pas de même du bétail tacheté. L'éleveur sud-américain se tourne plutôt vers les races de boucherie anglaises. Aussi comprend-on facilement que notre bétail brun, plus bas sur jambes, plus large et plus profond que le tacheté rouge, ait plus d'avenir que ce dernier sur les immenses «estancias» de l'Argentine, où il est connu sous le nom de «bétail suisse». Les expériences faites jusqu'ici avec l'acclimatation du bétail brun sont réjouissantes, ce qui n'est pas le cas dans la même mesure avec le bétail du Simmental. Nos constatations sur place, ainsi que celles de jeunes Suisses qui ont visité l'Amérique du Sud et plus particulièrement le Brésil l'année dernière, ont démontré que ce dernier pays possède déjà quelques excellents troupeaux de bétail tacheté rouge. Aussi y a-t-il des perspectives d'en exporter davantage avec le temps, par un choix approprié d'animaux aussi larges et aussi profonds que possible.

Bien que les grands marchés d'automne du Simmental et d'autres régions d'élevage de la race tachetée rouge soient passablement moins animés cette année que les précédentes et que les prix baissent sur toute la ligne, l'écoulement y est toujours encore assez bon, comme l'est aussi la vente dans les étables et sur les pâturages des éleveurs. Il est vrai que grâce l'automne très favorable à la végétation, les prix peuvent être stabilisés. Inutile de dire aussi que l'encouragement de l'exportation par la Confédération contribue pour une bonne part à cette amélioration.

Quoique tardives, les réductions de 50 % des frais de transport du bétail depuis régions d'élevage typiques jusqu'en plaine ont pour effet d'activer le commerce indigène. Si ce dernier est tout de même si actif durant l'automne, malgré les conditions de production fourragère très défavorables du milieu de l'été, c'est en grande partie à ces réductions de frais de transport qu'il faut l'attribuer.

Bien que les producteurs, depuis quelques années, accusent avec raison le bétail de boucherie importé d'entraver l'écoulement du leur, nous arrivons peu à peu, par l'extension de l'engraissement du bétail indigène, à une surproduction. L'intensification de l'agriculture résulte dans diverses branches en une augmentation de la production, qui aura sa répercussion sur toute notre économie nationale. Si en même temps la consommation de la viande diminue, remplacée par l'alimentation végétarienne, il ne faudra pas s'étonner de cette surproduction de bétail de boucherie à brève échéance. Elle se produira d'autant plus vite que le marché des produits laitiers accuse lui aussi une certaine stagnation et que l'on fabrique davantage de fromage de second choix. Aussi l'amélioration de la qualité des produits doit-elle être le mot d'ordre dans tous les domaines.

Une des causes fréquentes de diminution des recettes de l'agriculture réside dans le fait que les vaches qui ne vêlent pas normalement ou qui ne sont pas bonnes laitières doivent être gardées beaucoup trop longtemps à l'étable, parce qu'elles ne peuvent être vendues qu'avec de trop lourdes pertes pour la boucherie.

On reste sous l'impression, en considérant les difficultés que nous avons à exporter, que l'on devrait faire davantage pour encourager l'écoulement de notre bétail d'élevage des régions montagneuses en plaine. Une nouvelle diminution des frais de transport activerait certainement ce trafic, car ces frais sont une très lourde charge et contribuent dans une forte mesure au renchérissement de la vie. Les paysans de la plaine gardent souvent beaucoup trop longtemps dans leurs étables des vaches qui ne rapportent guère, alors que de bonnes laitières de la montagne ne trouvent pas d'acheteurs. Un mouvement plus rapide de ce bétail serait certainement dans l'intérêt des deux parties et contribuerait notablement à l'amélioration de la qualité de la viande.

Les éleveurs des régions où les prix des domaines ont considérablement augmenté durant la guerre, grâce aux prix élevés du bétail, se trouvent aujourd'hui dans une situation précaire, en partie désespérée. Les minces recettes de la vente du bétail ne sont plus du tout en rapport avec les loyers élevés, les impôts, les charges de toute sorte. Aussi comprend-on les cris de détresse de ces populations, qui demandent aux autorités de prendre de sérieuses mesures pour parer dans la mesure du possible aux effets désastreux de cette crise aiguë de l'élevage du bétail suisse.

VI. Collaboration des organes de la Fédération à l'appréciation du bétail dans des régions d'élevage de la race tachetée rouge à l'étranger.

Bien des années déjà avant la guerre, les éleveurs du Pays de Gex, à la frontière des cantons de Genève et de Vaud, se repourvoyaient en taureaux au marché-concours d'Ostermundigen. Pour améliorer leurs troupeaux, quelques membres de la Fédération d'élevage gessienne ont même acheté des vaches de grande valeur et des taureaux à des syndicats suisses limitrophes et jusque dans le Simmental et le canton de Fribourg. Le Gouvernement français faisant actuellement de gros efforts pour développer l'organisation des éleveurs et surtout les herd-books, la Fédération gessienne s'est aussi réorganisée, afin de bénéficier des subventions de l'Etat. Lors de l'admission de nouveaux animaux aux syndicats (ce qui n'avait plus eu lieu, depuis 1913 jusqu'en novembre 1928), le président et le gérant de notre Fédération sont appelés à collaborer pendant deux jours, comme experts, à l'appréciation des sujets. De plus, le gérant donne à Gex, le dimanche 25 novembre, une conférence avec film, sur *l'élevage du bétail de la race tachetée rouge* et sur les mesures prises en Suisse pour l'encourager.

VII. Extraits des rapports des syndicats fédérés.

Le nombre des syndicats fédérés s'élève à 546 au 1er janvier 1928 et augmente de 18 durant l'année.

Les syndicats nouvellement admis sont ceux de Brienz III, Frutigen III, Oberwichtrach, Pohlern-Karselen, Vechigen et Zollikofen (tous du canton de Berne); Chernex et environs (Vaud); Morat et environs II et Villariaz (Fribourg); Wil et environs (Argovie); Erschwil et Welschenrohr (Soleure);

Ausserberg, Grächen, Martigny, Bâtiaz, Niedergestelen, Unterbach et Vérossaz (tous du Valais). Seul le syndicat argovien de Spreitenbach sort de la Fédération par dissolution, après une courte période d'activité de trois ans seulement. L'état nominatif au 1er janvier 1929 est donc de 563 syndicats.

Cette réjouissante extension de la Fédération en une année prouve bien que, malgré les difficultés d'écoulement du bétail, les éleveurs ont toujours encore la tendance à développer et à améliorer l'élevage par la voie de l'organisation coopérative. On remarquera que c'est des cantons de Berne et du Valais que nous viennent le plus grand nombre de nouveaux syndicats, les autres cantons n'en fournissent que peu ou point.

Etant donné que depuis plusieurs années déjà, les régions d'élevage typiques des Alpes s'opposent à la diffusion de l'élevage en plaine, la forte augmentation du nombre des syndicats en plaine n'est pas particulièrement réjouissante. Ce n'est pas l'élevage, mais plutôt la culture des céréales qui devrait y prendre de l'extension. En se groupant comme ils le font, les éleveurs semblent partir du principe que le syndicat, à la condition d'être bien administré, est tout de même le moyen d'encourager l'élevage d'une façon persistante et méthodique. On commence à comprendre aussi partout que, sans l'organisation coopérative, l'institution du certificat d'ascendance, des herd-books et du contrôle laitier n'aurait pas de base solide.

En général, malgré la dureté des temps que l'élevage du bétail traverse, l'organisation des éleveurs n'a pas été ébranlée. Si les syndicats ne répondaient pas à un réel besoin, ils n'auraient pas survécu à la crise. C'est là une preuve réjouissante de la solidité de l'organisation.

Le tableau suivant est basé sur les rapports des syndicats fédérés. Il indique le nombre des membres et des animaux enregistrés. Il en ressort que durant l'année, le nombre des membres diminue de 186 et le nombre des animaux enregistrés augmente de 1405.

Canton	Syndicats fédérés	Nombre de membres		Animaux enregistrés		
		Total	Moyenne par syndicat	Total mâles	Total femelles	Moyenne par syndicat
Berne	186	3285	18	451	19 467	107
Lucerne	14	324	23	40	1 640	120
Fribourg	72	1600	22	260	11 307	160
Soleure	31	601	19	66	2 624	87
Bâle-Ville	1	19	19	6	116	122
Bâle-Campagne	10	312	31	18	856	87
Argovie	32	1486	46	71	3 566	113
Vaud	160	6134	38	561	8 674	58
Neuchâtel	14	886	63	59	2 031	149
Genève	15	449	29	54	1 422	98
Valais	27	881	32	60	1 760	67
Totaux et moyennes	562	16 027	28	1646	53 463	98

Conclusions.

L'éleveur de bétail de la race tachetée rouge a derrière lui une année de lourds soucis pour son existence. Ce mouvement rétrograde dure depuis trop longtemps. La solution définitive de la question du blé nous donne un faible espoir d'amélioration, mais pour le moment, les perspectives ne sont pas justement favorables, même si l'on admet que la crise est à son apogée. Circonstance aggravante, certains pays dont les droits d'entrée du bétail étaient déjà très élevés, les augmentent encore pour protéger leur production indigène, ce qui rendra notre exportation impossible.

Constatons pour terminer que, fort heureusement, les éleveurs reconnaissent la nécessité de l'action coopérative concertée, ce qui semble doublement précieux en ces temps de crise. Ils sont aussi prêts à appuyer de leurs faibles moyens toutes les mesures qui tendent à rendre leur situation plus supportable.

Nous terminons notre rapport de gestion pour l'année 1928, en remerciant tous les milieux, notamment la Confédération et les cantons, qui n'ont cessé d'appuyer les efforts de la Fédération.

Spengelried et *Muri* près Berne, mars 1929.

Au nom du Comité de la Fédération,

Le président: **Sl. Schmid.**

Le secrétaire: **G. Lüthy.**

RÉSULTATS
DU CONTRÔLE LAITIER DE 1927/28

Résultats du contrôle laitier

Toutes les vaches dont le nom est suivi du nombre ¹) ont bénéficié du supplément d'alpage de 300 kg.; celles dont

Canton Syndicat	Propriétaire	Nom de la vache	N° à la corne	Marque métallique N° et inscription	Année de naissance	Nombre de vêlages
Canton de Berne						
Syndicat d'Aeschi	Ruegsegger Ed.	Gritli[1])	534	—	1920	5
»	Durand Chr.	Leu[1])	556	—	1921	4
»	»	Vion[1])	558	—	1921	4
»	Bühler frères	Schwalbe	570	—	1920	4
»	Luginbühl Joh.	Gritli[1])	571	—	1922	4
»	Ruegsegger Ed.	Fink[1])	584	—	1922	4
»	Müller frères	Lerch II[2])	627	—	1923	3
»	»	Charlotte[2])	629	—	1922	2
»	Luginbühl Gottfr.	Junker[1])	641	48 Aeschi	1924	2
»	Müller frères	Blösch[2])	642	14 Aeschi	1923	2
»	Schneiter frères	Krügel	663	—	1921	4
Synd. d'Aeschiried	Luginbühl Ed.	Flori[2])	130	—	1922	4
»	Wittwer Joh.	Gemse[2])	133	—	1922	4
»	Zumbrunnen Gottfr.	Flora[2])	137	—	1920	5
»	Zumbrunnen Fritz	Luste[1])	156	—	1922	4
»	Christen frères	Blösch	195	—	1924	2
»	von Känel Fr.	Gemse[2])	201	—	1918	6
»		Prinz[2])	202	41 Aeschiried	1924	1
Syndicat d'Arni	Moser Albert	Elsa	401	—	1920	5
»	»	Elsa	401	—	1920	6
»	Eichenberger Otto	Berna	426	—	1921	4
»	Moser Albert	Lotte	451	—	1922	3
»	Wiedmer Fritz	Regina	465	—	1923	2
Syndicat de Belp	Bieri Johann	Bella	655	—	1919	5
»	Schürch frères	Baron	707	—	1919	6
»	Bieri Johann	Luzia	748	—	1922	3
»	Liechti Gottfr.	Adele II	758	—	1919	5
»	»	Süsi	804	—	1922	3
»	Schürch frères	Bethli	819	32 Belp	1924	1
»	Gfeller Fr.	Miggi	872	—	1924	2
»	Bieri Joh.	Jümpferli	876	—	1920	4
»	»	Freude	877	—	1922	2
»	»	Heide	878	—	1922	3
Syndicat de Biglen	Moser Alfred	Gäbel	267	—	1920	5
»	Schneider-Kipfer Fritz	Spiri	272	—	1923	2
»	»	Iris	273	—	1921	3
»	Dr Zulauf's Erben	Flamme	276	—	1922	3
»	Scheidegger A.	Lerch	308	—	1920	4
Synd. de Blankenburg	Rufi Joh.	Falk[2])	258	—	1912	11
»	Haueter Karl	Gritli[1])	622	—	1921	3
»	»	Prinzessin[1])	632	—	1921	4
»	»	Blonde[1])	671	—	1921	3
»	Rieder Johann	Schwalbe[2])	685	—	1922	2
»	Rufi Johann	Tulpe[2])	695	—	1922	2
Synd. de Bolligen	Fabr. de Carton Deisswil	Luste	504	—	1919	5
»	Althaus Fritz	Krone I	637	—	1922	3
Synd. de Bunschen	Heimberg Hans	Lerch[2])	217	—	1921	4
»	Teuscher Hans	Mai[2])	232	—	1921	4
»	»	Veiel I[2])	233	—	1921	4
»	»	Falk[2])	272	—	1922	3
»	Ueltschi Hans	Taube[2])	293	—	1923	2

de 1927/28 (Résultats normaux).

le nom est suivi du nombre [2]), du supplément de 500 kg. Ce supplément n'est pas compris dans les chiffres ci-dessous.

Nombre de points	Poids vif moyen	Nombre de jours de lactation	Nombre de jours de tarissement	Nombre de jours entre les vêlages	Rendement par période de lactation: Lait Total	Rendement par période de lactation: Lait par jour	Rendement par période de lactation: Graisse Total	Rendement calculé sur 365 jours: Lait Total	Rendement calculé sur 365 jours: Lait par 100 kg. de poids vif	Rendement calculé sur 365 jours: Graisse Total	Rendement de lait par jour de l'intervalle des vêlages	Rendement de lait pendant les 100 premiers jours	Teneur moyenne en graisse	Marque de bonne laitière
	kg				kg	kg	kg	kg	kg	kg	kg	kg	%	
87	632	327	59	386	4874	14,7	205,9	4599	718	194,5	12,6	1677	4,22	Ⓛ
94	798	308	90	398	4214	13,6	212,6	3833	453	194,9	10,5	1363	5,04	Ⓛ
85	628	345	35	380	4484	12,9	187,6	4307	679	173,4	11,8	1373	4,18	Ⓛ
84	653	326	55	381	4165	12,7	169,7	3979	560	162,4	10,9	1394	4,07	𝔏
84	642	319	43	362	4180	13,1	178,1	4125	642	173,0	11,3	1321	4,28	Ⓛ
86	670	305	58	363	4311	14,1	188,3	4307	643	188,7	11,8	1614	4,37	Ⓛ
90	627	285	83	368	3342	11,7	146,1	2665	426	138,7	7,3	1369	4,37	𝔏
90	748	348	83	431	3452	10,0	142,2	2920	360	120,0	8,0	1232	4,11	𝔏
88	651	299	54	353	3280	10,9	141,3	3395	521	146,0	9,3	1254	4,30	𝔏
89	672	321	73	394	3429	10,6	138,7	3285	590	128,5	9,0	1285	4,04	𝔏
84	739	319	55	374	5491	17,2	174,5	5358	725	170,0	14,7	2395	3,18	Ⓛ
82	587	354	51	405	3804	10,7	129,4	3541	601	116,4	9,7	1421	3,40	𝔏
85	—	300	44	344	4281	14,2	166,4	4526	—	169,6	12,4	1907	3,75	Ⓛ
81	—	371	67	438	3733	10,0	154,7	3103	—	128,8	8,5	1385	4,14	𝔏
80	609	360	51	411	4560	12,6	147,6	4047	664	131,0	11,0	1393	3,23	𝔏
81	569	330	27	357	4035	12,2	147,0	4125	724	150,0	11,3	1432	3,64	𝔏
85	587	341	47	388	4586	13,4	156,9	4307	663	147,5	11,8	1556	3,41	Ⓛ
84	599	296	57	353	3672	12,4	129,7	3796	633	133,9	10,4	1417	3,53	𝔏
81	—	412	49	461	5470	13,2	190,1	4344	—	150,4	11,9	1550	3,47	𝔏
81	756	289	52	341	5064	17,5	193,1	5420	716	207,3	14,8	2163	3,82	Ⓛ
84	680	339	53	392	4842	14,2	214,5	4563	620	199,7	12,5	2009	4,42	Ⓛ
83	643	410	55	465	4994	12,2	183,9	3920	608	144,1	10,7	1604	3,68	𝔏
84	599	323	51	374	4328	13,4	180,5	4198	700	175,9	11,5	1631	4,17	Ⓛ
89	737	297	47	344	5076	17,1	221,0	5402	732	234,3	14,8	2136	4,35	Ⓛ
84	690	322	41	363	5045	15,6	184,5	5074	735	185,8	13,9	1671	3,65	Ⓛ
86	573	345	63	408	4730	13,7	211,5	4198	573	188,7	11,5	1990	4,47	Ⓛ
84	697	305	62	367	4891	16,0	230,0	4855	693	228,5	13,3	2165	4,79	Ⓛ
83	686	319	63	382	4927	15,4	185,9	4708	689	177,6	12,8	2074	3,78	Ⓛ
82	640	359	52	411	4656	12,9	184,5	4125	650	164,6	11,3	1649	3,96	𝔏
83	658	301	50	351	4103	13,6	187,4	4271	648	194,5	11,7	1747	4,56	Ⓛ
87	745	281	65	346	4141	14,7	148,4	4344	582	156,2	11,9	1713	3,58	𝔏
86	710	297	59	356	4771	16,1	181,4	4891	651	185,8	13,4	1940	3,80	Ⓛ
85	697	323	66	389	5222	16,1	205,9	4891	656	192,1	13,4	1933	3,96	Ⓛ
80	607	432	55	487	6079	14,0	241,3	4526	745	180,7	12,4	1803	3,90	Ⓛ
82	762	429	97	526	6195	14,4	246,9	4307	565	171,2	11,8	2013	3,99	Ⓛ
81	582	352	74	426	5633	16,0	233,1	4818	828	204,4	13,2	2141	4,13	Ⓛ
89	705	277	46	323	4026	14,5	—	4549	645	—	12,4	1912	—	Ⓛ
83	590	378	111	489	6076	16,1	261,6	4526	766	194,9	12,4	2029	4,30	Ⓛ
92	—	267	78	345	4593	17,2	184,5	4855	—	194,9	13,3	2220	4,02	Ⓛ
89	—	338	27	365	3954	11,5	155,9	3954	—	155,9	10,8	1411	3,79	𝔏
88	—	301	60	361	4910	16,3	158,7	4964	—	160,2	13,6	1911	3,23	Ⓛ
90	—	317	63	380	4247	13,3	167,5	4052	—	160,6	11,1	1702	3,94	Ⓛ
89	—	303	52	355	4236	13,7	139,3	4271	—	136,5	11,7	1783	3,28	Ⓛ
87	—	269	73	342	4202	15,6	172,2	4453	—	183,6	12,2	1960	4,08	Ⓛ
92	880	312	40	352	5207	16,7	225,5	5329	606	233,6	14,6	2099	4,32	Ⓛ
87	745	332	59	391	5934	17,8	247,0	5512	705	234,7	15,1	2040	4,16	Ⓛ
86	716	315	54	369	4855	15,4	193,6	4782	627	191,3	13,1	1766	3,87	Ⓛ
85	637	387	66	453	4783	12,4	204,5	3833	601	164,3	10,5	1492	4,27	Ⓛ
87	716	307	73	380	4144	13,5	169,4	3979	555	162,4	10,9	1461	4,07	Ⓛ
83	589	316	68	384	4025	12,7	176,0	3796	575	167,1	10,4	1505	4,35	Ⓛ
83	—	286	69	355	3374	11,7	108,2	3468	—	110,9	9,5	1455	3,20	𝔏

Canton Syndicat	Propriétaire	Nom de la vache	N° à la corne	Marque métallique N° et inscription	Année de naissance	Nombre de vêlages
Canton de Berne						
Synd. de Berthoud	Bracher H. et W.	Elegante	131	—	1918	6
»	»	Gemse	187	—	1922	3
»	»	Eva	218	—	1922	3
»	»	Freude	222	—	1923	2
»	»	Blösch	223	—	1923	2
»	»	Vion	247	—	1922	4
»	»	Luste	250	—	1923	1
Synd. de Deisswil-Wiggiswil-Ballmoos	Häberli Ernst	Alpina	146	—	1920	4
	»	Gemse	222	—	1922	2
»	Hofer Fritz	Blösch	224	—	1921	4
Synd. de Delémont	Blaser fam.	Stella	149	—	1919	4
»	»	Fürst	207	—	1920	3
»	»	Falk	209	—	1922	2
»	Monnerat Jos.	Dora	268	—	1923	3
Synd. de Diemtigen I	Stucki J.	Luste[1])	1244	—	1918	7
»	Wampfler Magd., veuve	Blume[2])	1294	—	1919	5
»	Wampfler Hans	Amalia[2])	1301	—	1918	5
»	Mani Alfred	Amsel I[2])	1356	—	1918	5
»	Klossner frères	Pfau[2])	1401	—	1919	4
»	Wampfler Hans	Adler[2])	1427	—	1921	5
»	Dubach Oswald	Dora[1])	1513	—	1921	4
»	Kunz Fritz	Lisa[2])	1530	—	1921	3
»	Hadorn, notaire	Stern[2])	1534	—	1921	3
»	Mani Jakob	Bethli[2])	1573	—	1922	2
»	Hadorn, notaire	Krügel[2])	1595	—	1922	2
»	Klossner frères	Meiel[2])	1627	—	1922	3
»	Dubach Oswald	Heidi[1])	1656	—	1922	2
»	Mani Jakob	Spire[2])	1669	5 Diemtig. I	1923	2
»	»	Meise[2])	1671	62 Blankenb.	1924	2
»	Küng famille	Blösch[1])	1694	17 Diemtig. I	1923	2
Snd. de Diemtigen II	Erb Karl	Prinz[1])	808	—	1919	5
»	Neukomm Fritz	Vion II[1])	821	—	1920	5
»	Karlen Alfred	Fürst[2])	924	—	1919	3
»	Wittwer Chr.	Vion[2])	958	—	1918	4
»	Dubach Jakob	Kroni[1])	960	—	1921	4
»	»	Fürst[1])	1032	—	1922	4
»	Erb Karl	Berna[1])	1064	110 Diemt.II	1924	2
»	Aegler Chr.	Prinz[2])	1091	27 Diemt.II	1923	2
Snd. de Diemtigen III	Wampfler H.	Berna[2])	65	—	1920	5
»	Neukomm frères	Vreni[2])	69	—	1922	4
»	Wenger frères	Junker[2])	79	—	1921	4
»	Neukomm Chr.	Adler[1])	98	—	1922	2
»	Klossner Jakob	Bethli[2])	102	4442 Bern	1924	1
»	Dubach Jakob	Migga[2])	108	72Diemt.III	1924	1
Synd. de Diemtigen V	Balmer Rud.	Schwalbe[2])	11	—	1922	4
»	Mani Rud.	Flora[2])	22	—	1914	8
»	Mani Johann	Adler[2])	27	—	1918	6
»	Jungen Jakob	Fürst[2])	58	—	1918	6
»	Grüneisen frères	Schwalbe	73	—	1920	5
»	Kernen Jakob	Junker[2])	85	—	1922	3
»	Mani Rud.	Alma[2])	91	—	1922	3
»	Hählen Aug.	Nägel[2])	94	—	1922	3
»	Mani Rud.	Schwalbe[2])	120	118Diemtig.I	1924	1
Snd. de Diemtigen VII	Mani David	Freude[1])	5	—	1923	3

Nombre de points	Poids vif moyen	Nombre de jours			Rendement par période de lactation			Rendement calculé sur 365 jours			Rendement de lait		Teneur moyenne en graisse	Marque de bonne laitière
		de lactation	de tarissement	entre les vêlages	Lait Total	Lait par jour	Graisse Total	Lait Total	Lait par 100 kg. de poids vif	Graisse Total	par jour de l'intervalle des vêlages	pendant les 100 premiers jours		
	kg				kg	kg	kg	kg	kg	kg	kg	kg	%	
86	660	362	49	411	4147	11,4	211,3	3687	558	187,6	10,1	1508	5,09	(𝔏)
82	580	289	49	338	3581	12,4	157,6	3833	660	170,0	10,5	1450	4,40	(𝔏)
83	684	321	35	356	4007	12,4	171,3	4088	593	168,3	11,2	1518	4,27	(𝔏)
82	610	440	49	489	5249	11,9	198,1	3906	633	147,8	10,7	1587	3,76	𝔏
80	600	398	43	441	4874	12,2	179,7	4052	661	148,6	11,1	1841	3,68	𝔏
87	690	329	25	354	3940	11,9	161,0	4052	537	165,7	11,1	1408	4,07	𝔏
83	585	343	53	396	3930	11,4	167,3	3600	615	154,0	9,9	1578	4,25	𝔏
84	750	302	60	362	4969	14,1	174,7	4928	624	169,4	13,5	1887	3,51	(𝔏)
84	725	304	57	361	5724	16,5	228,2	5110	704	230,7	14,0	1918	3,99	(𝔏)
85	780	253	86	339	4442	17,5	174,0	4781	614	187,2	13,1	1791	3,91	(𝔏)
87	—	402	70	472	6292	15,6	262,4	4855	—	205,5	13,3	2164	4,16	(𝔏)
89	—	405	84	489	6382	14,2	251,2	4782	—	149,3	13,1	2209	3,82	(𝔏)
85	—	342	27	369	3846	11,2	158,6	3796	—	156,7	10,4	1549	4,12	𝔏
88	—	284	77	361	4436	15,6	173,2	4490	—	168,6	12,3	1817	3,90	(𝔏)
90	649	295	53	348	4530	15,1	196,0	4745	777	205,5	13,0	1665	4,32	(𝔏)
90	676	313	57	370	5426	17,3	201,7	5329	788	197,8	14,6	2322	3,72	(𝔏)
88	—	286	62	348	3927	13,7	188,6	4088	—	197,1	11,2	1542	4,80	(𝔏)
86	—	358	95	453	6023	16,9	256,6	4855	—	162,8	13,3	1924	4,26	(𝔏)
92	—	327	66	393	6070	16,5	229,3	5621	—	211,8	15,4	1933	3,78	(𝔏)
89	—	334	54	388	4329	12,9	187,2	4052	—	175,9	11,1	1511	4,32	(𝔏)
89	670	338	47	385	5095	15,0	205,4	4818	669	194,5	13,2	1734	4,03	(𝔏)
88	—	361	40	401	4963	13,7	190,1	4490	—	167,5	12,3	1526	3,83	(𝔏)
91	—	351	51	402	6580	18,7	260,2	5950	—	181,6	16,3	2014	3,96	(𝔏)
90	—	285	67	361	4759	16,6	185,9	4782	—	187,6	13,1	1897	3,78	(𝔏)
88	702	269	83	352	4493	16,7	137,4	4563	654	135,3	12,5	1827	3,06	(𝔏)
96	—	309	51	360	6000	19,1	222,4	6060	—	208,0	16,6	2024	3,70	(𝔏)
92	680	348	58	406	5318	15,3	211,6	4782	682	190,2	13,1	1806	3,89	(𝔏)
90	—	313	72	385	4340	13,8	168,8	4088	—	159,1	11,2	1603	3,89	(𝔏)
88	—	365	67	432	4547	12,4	191,9	3833	—	162,0	10,5	1516	4,22	(𝔏)
84	500	275	67	342	3945	14,3	153,0	4198	716	162,4	11,5	1350	3,72	(𝔏)
84	—	305	50	355	4936	16,2	184,6	5073	—	189,0	13,8	1805	3,74	(𝔏)
90	—	284	58	342	3863	13,6	155,1	4109	—	164,9	11,2	1559	4,01	(𝔏)
89	—	346	70	416	4846	14,0	195,0	4252	—	171,1	11,6	1597	4,02	(𝔏)
83	—	323	142	465	4559	14,0	170,3	3577	—	133,6	9,8	1542	3,74	𝔏
83	—	316	44	360	4288	13,5	196,2	4347	—	197,8	11,9	1615	4,58	(𝔏)
82	—	327	106	433	4420	13,5	202,0	3736	—	170,4	10,2	1765	4,57	(𝔏)
92	—	311	57	368	5030	16,1	213,6	4989	—	212,0	13,6	1646	4,25	(𝔏)
86	—	294	75	369	4681	15,8	189,5	4628	—	187,2	12,6	1713	4,05	(𝔏)
88	659	294	56	350	4605	15,6	201,8	4782	673	210,2	13,1	1735	4,38	(𝔏)
96	—	299	67	366	4872	16,2	200,0	4855	—	198,9	13,3	1600	4,10	(𝔏)
88	640	334	53	387	4300	12,8	195,8	4052	633	184,3	11,1	1331	4,68	(𝔏)
86	728	294	57	351	3840	13,0	151,7	3979	550	157,7	10,9	1368	3,95	(𝔏)
89	556	319	46	365	4038	12,6	149,7	4038	656	149,7	11,1	1295	3,70	(𝔏)
84	—	293	50	343	4632	15,7	196,2	4928	—	208,4	13,5	1597	4,23	(𝔏)
89	632	291	53	344	4759	16,3	—	5037	739	—	13,8	1913	*	(𝔏)
87	654	350	45	395	5499	15,7	241,8	5074	721	167,5	13,9	1693	4,40	(𝔏)
91	—	326	67	393	4810	14,7	197,4	4453	—	183,2	12,2	1760	4,11	(𝔏)
86	678	326	50	376	5186	15,9	195,6	5037	690	189,8	13,8	1686	3,77	(𝔏)
82	542	311	65	376	4125	13,2	132,2	3979	730	128,1	10,9	1521	3,20	𝔏
85	600	313	51	364	4255	13,5	171,4	4270	622	171,6	11,7	1384	4,02	(𝔏)
89	752	348	41	389	6436	16,6	271,1	5366	710	191,3	14,7	1989	4,21	(𝔏)
94	615	305	34	339	5071	16,6	216,7	5439	821	162,1	14,9	1876	4,29	(𝔏)
90	738	305	37	342	5467	17,6	241,6	5731	709	260,2	15,7	1905	4,41	(𝔏)
86	682	301	59	360	4262	14,1	175,8	4307	631	178,1	11,8	1563	4,12	(𝔏)

Canton Syndicat	Propriétaire	Nom de la vache	N° à la corne	Marque métallique N° et inscription	Année de naissance	Nombre de vêlages
Canton de Berne						
Snd. de Diemtigen VII	Haueter Hans	Veiel[1])	14	3383 Bern	1923	2
»	Haueter Fritz	Kander[1])	21	—	1921	2
»	»	Pfau[1])	22	—	1921	3
»	Bringold Jakob	Göldi[1])	27	—	1921	4
»	»	Vrena[1])	31	80 Diemt. IV	1923	2
»	Knutti Peter	Göldi[2])	38	125 Diemt. IV	1924	2
»	Knutti Fritz	Bella[1])	39	—	1916	8
»	»	Walda[1])	55	—	1915	8
»	»	Runde[1])	56	—	1916	8
»	Erb Ulrich	Freude[1])	63	—	1922	3
»	Reber Karl	Krügel[1])	78	—	1919	5
»	Reber Gottlieb	Gölde[1])	82	—	1921	5
»	»	Tulipan[1])	84	—	1923	2
»	Teuscher Hans	Bethli[2])	88	—	1921	3
»	Mani Christian	Bethli[1])	103	278 Diemt. IV	1925	1
»	»	Nägel[1])	104	236 Diemt. IV	1924	1
»	Mani David	Schwalbe[1])	113	151 Diemt. IV	1924	1
»	Haueter Fritz	Adler[1])	120	150 Diemt. IV	1924	1
Syndicat d'Ebnit	Rieben Karl	Krone[2])	232	—	1918	7
»	Haldi Ad.	Nelke[2])	270	—	1920	6
»	Haldi Robert	Fürst	271	—	1919	5
»	Würsten Oscar	Mina[1])	335	—	1920	3
»	Würsten Robert	Pfau[2])	351	—	1920	3
»	»	Mina[2])	352	—	1921	3
»	Zingre frères	Berna[2])	369	—	1921	4
»	Haldi Ad.	Syda[2])	392	—	1922	2
»	Haldi Robert	Dora	399	—	1922	2
»	Haldi Ad.	Gretli[2])	442	—	1923	2
»	»	Schwyzer[2])	473	112 Ebnit	1924	1
Synd. d'Erlenbach	Regez-Hofer R.	Bella[2])	1576	—	1916	9
»	Ott Hans	Eva[1])	1993	—	1920	5
»	»	Flora[1])	2082	—	1921	4
»	Hofer Chr.	Bella[2])	3000	—	1921	4
»	Ott Hans	Gurke[1])	3031	—	1923	1
»	Jutzeler fam.	Fink[2])	3052	—	1921	3
»	»	Elsa[2])	3056	—	1921	3
»	Eschler frères	Fürst[2])	3068	108 Erlenb.	1923	3
»	»	Helena[2])	3069	140 Erlenb.	1924	2
»	Ott Hans	Helena[1])	3095	65 Erlenb.	1923	2
»	Hofer Chr.	Daisy[2])	3097	20 Erlenb.	1923	2
»	Gerber Hans	Lea[2])	3110	119 Erlenb.	1923	2
»	Regez-Hofer R.	Hilda[2])	3112	179 Erlenb.	1924	2
»	Ott Hans	Hanna[1])	3122	18 Erlenb.	1923	2
»	Regez J.	Luste[2])	3131	13 Erlenb.	1923	1
»	Gerber Hans	Charlotte[2])	3134	333 Erlenb.	1925	1
»	»	Gritli II[2])	3135	241 Erlenb.	1924	1
»	Hofer Chr.	Ruth[2])	3151	132 Frut. I	1924	1
»	»	Schwalbe[2])	3155	62 Diemt. II	1924	1
»	»	Hirz[2])	3156	61 Diemt. III	1924	1
»	Wüthrich Albert	Tulipa[2])	3174	266 Erlenb.	1925	1
Snd. de Fraubrunnen	Schwab Franz	Eva	404	—	1919	5
»	»	Pfeife	481	—	1921	3
»	»	Pfeife	481	—	1921	4
»	»	Mädi	471	—	1921	3

Nombre de points	Poids vif moyen	Nombre de jours			Rendement par période de lactation			Rendement calculé sur 365 jours			Rendement de lait		Teneur moyenne en graisse	Marque de bonne laitière
		de lactation	de tarissement	entre les vêlages	Lait		Graisse	Lait		Graisse	par jour de l'intervalle des vêlages	pendant les 100 premiers jours		
					Total	par jour	Total	Total	par 100 kg. de poids vif	Total				
	kg				kg	kg	kg	kg	kg	kg	kg	kg	%	
81	572	299	53	352	3717	12,4	130,1	3849	605	133,6	10,6	1360	3,50	𝔏
91	—	303	51	354	5284	17,4	245,0	5439	—	185,8	14,9	1846	4,54	(𝔏)
88	—	321	50	371	5815	15,9	230,2	5694	—	226,7	15,6	1987	3,90	(𝔏)
89	—	302	61	363	3949	13,0	156,0	3979	—	156,6	10,9	1576	3,79	𝔏
83	—	285	63	348	3955	13,8	160,4	4161	—	168,4	11,4	1509	4,05	(𝔏)
84	—	299	60	359	4172	13,9	174,2	4234	—	177,0	11,6	1393	4,17	(𝔏)
88	—	325	52	377	5814	16,9	240,3	5621	—	233,1	15,4	1957	4,13	(𝔏)
89	—	321	77	398	3589	11,1	140,8	3285	—	128,8	9,0	1188	3,92	𝔏
85	560	318	64	382	3860	12,1	148,2	3687	650	135,3	10,1	1336	3,84	𝔏
79	572	295	68	363	3759	12,7	187,2	3760	650	188,1	10,3	1420	4,97	(𝔏)
84	—	301	57	358	3659	12,1	165,3	3723	—	168,3	10,2	1379	4,51	(𝔏)
87	—	294	47	341	4294	14,6	196,1	4563	—	209,9	12,5	1708	4,56	(𝔏)
84	—	304	52	356	4230	13,8	159,9	4307	—	163,9	11,8	1638	3,78	(𝔏)
86	619	308	50	358	4877	15,8	178,5	4964	801	181,1	13,6	1734	3,66	(𝔏)
82	—	384	72	456	4143	10,8	181,7	3285	—	157,6	9,0	1381	4,38	𝔏
83	—	289	74	363	3931	13,6	162,1	3942	—	162,8	10,8	1694	4,12	(𝔏)
88	—	314	66	380	4302	13,7	189,4	4125	—	178,9	11,3	1463	4,40	(𝔏)
84	701	373	50	423	4891	13,1	175,4	4234	603	151,1	11,6	1391	3,58	(𝔏)
84	701	302	83	385	4594	15,2	177,9	4344	619	168,6	11,9	1757	3,88	(𝔏)
90	800	303	52	355	5721	16,5	175,2	5331	640	179,9	14,3	2150	3,13	(𝔏)
88	697	283	55	338	5077	17,9	197,5	5482	783	213,1	15,0	2190	3,89	(𝔏)
89	686	282	122	404	4541	16,1	188,8	4088	586	168,5	11,2	1781	4,15	(𝔏)
85	732	259	80	339	3866	14,9	159,4	4161	568	171,5	11,4	1778	4,12	(𝔏)
85	682	304	83	387	3722	12,2	170,7	3540	570	160,6	9,7	1412	4,58	(𝔏)
87	752	332	76	408	4864	14,6	194,2	4307	572	173,7	11,8	1670	3,99	(𝔏)
94	780	330	51	381	5029	15,2	205,4	4782	600	196,7	13,1	1861	4,08	(𝔏)
90	800	284	58	342	4359	15,3	172,6	4652	581	184,2	12,7	1803	3,96	(𝔏)
87	643	302	83	385	4122	13,6	170,5	3906	608	161,3	10,7	1483	4,13	(𝔏)
83	804	267	50	317	3564	13,3	145,8	4088	508	167,5	11,2	1325	4,07	(𝔏)
94	727	291	77	368	3291	11,3	133,7	3249	446	132,5	8,9	1244	4,06	𝔏
91	755	395	51	446	5003	12,8	204,6	4088	541	165,7	11,2	1695	4,09	(𝔏)
86	633	317	44	361	3821	12,0	160,5	3833	604	162,1	10,5	1365	4,20	(𝔏)
92	828	300	58	358	3266	10,6	170,2	3322	399	173,4	9,1	1422	5,21	(𝔏)
89	717	401	52	453	5447	13,5	258,9	4380	610	164,3	12,0	1712	4,75	(𝔏)
84	646	403	57	460	5968	14,8	287,2	4709	674	227,8	12,9	1595	4,13	(𝔏)
83	635	310	68	378	4346	14,0	203,5	4198	661	196,7	11,5	1353	4,55	(𝔏)
86	679	326	87	413	5011	15,3	231,7	4417	605	204,4	12,1	1885	4,62	(𝔏)
83	619	337	79	416	4430	13,1	208,3	3869	563	177,4	10,6	1557	4,69	(𝔏)
88	727	330	75	405	3868	11,5	162,5	3504	481	146,4	9,6	1483	4,20	𝔏
92	728	272	60	332	4182	15,3	187,9	4599	631	206,2	12,6	1777	4,47	(𝔏)
87	710	280	79	359	3553	12,7	151,2	3614	510	153,3	9,9	1520	4,25	(𝔏)
88	694	336	68	404	3636	10,6	146,9	3285	469	131,5	9,0	1059	4,04	𝔏
91	707	324	70	394	4078	12,5	155,5	3760	532	138,3	10,3	1513	3,80	𝔏
87	660	311	82	393	4215	13,5	189,5	3833	575	178,9	10,5	1524	4,48	(𝔏)
86	678	321	59	380	3153	9,9	151,5	3103	457	145,6	8,5	1080	4,56	𝔏
84	608	331	62	393	4124	12,4	188,3	3796	624	173,0	10,4	1427	4,53	(𝔏)
93	710	282	65	347	3613	12,8	147,7	3796	535	155,1	10,4	1432	4,08	(𝔏)
88	629	277	67	344	3428	12,3	162,3	3614	514	164,9	9,9	1296	4,73	(𝔏)
88	615	285	57	342	3161	11,0	137,2	3395	551	146,4	9,3	1164	4,34	(𝔏)
87	649	307	75	382	3249	10,5	142,4	3103	471	129,9	8,5	1149	4,39	𝔏
84	—	424	65	489	6591	15,7	279,8	4928	—	208,8	13,5	1838	4,24	(𝔏)
85	—	301	60	361	5677	16,5	254,4	5731	—	256,9	15,7	2241	4,48	(𝔏)
85	—	328	13	341	5075	15,5	—	5438	—	—	14,9	1868	*	(𝔏)
84	—	438	58	496	6345	14,5	262,8	4672	—	193,0	12,8	2117	4,14	(𝔏)

Canton Syndicat	Propriétaire	Nom de la vache	N° à la corne	Marque métallique N° et inscription	Année de naissance	Nombre de vêlages
Canton de Berne						
Synd. d. Fraubrunnen	Schwab Franz	Sarah	498	—	1922	3
»	»	Anna	510	—	1924	2
»	»	Mai	511	15 Fraubr.	1924	2
Synd. de Grasswil	Weber Paul	Miggi	567	—	1915	10
»	Künsch Fritz	Blösch	841	—	1921	4
»	»	Mutti	911	—	1922	3
»	Mühlemann Joh.	Blum	945	—	1924	2
Syndicat de Gstaad	Sumi Emil	Viola[2])	111	—	1917	9
»	»	Diana[2])	226	—	1920	4
»	Marti Robert	Flora[2])	229	—	1915	10
»	Raaflaub W.	Lisi[2])	241	—	1921	5
»	von Grünigen fam.	Küng[2])	268	—	1921	4
»	Sumi Emil	Tulpe[2])	275	—	1921	4
»	Raaflaub W.	Tulpe[2])	280	—	1921	4
»	»	Meiel[2])	282	—	1921	4
»	»	Vion[2])	283	—	1921	4
»	Gehret E.	Scheck[2])	290	—	1922	3
»	Sumi Emil	Trudi[2])	302	—	1922	3
»	Raaflaub W.	Berger[2])	303	—	1922	3
»	»	Laura[2])	305	—	1922	3
»	Sumi Robert	Helvetia[2])	311	—	1922	3
»	Gehret E.	Bella[2])	323	—	1922	3
»	Marti Robert	Lora[2])	329	—	1922	3
»	von Siebenthal A.	Flori[2])	346	—	1920	4
»	»	Lerchli II[2])	359	28 Gstaad	1923	2
»	»	Frida[2])	361	—	1923	2
»	von Grünigen fam.	Hirsch[2])	377	48 Gstaad	1923	4
»	Marti Robert	Viola[2])	381	89 Gstaad	1924	1
»	Raaflaub W.	Lory[2])	395	—	1924	1
Syndicat de Heiligen-schwendi	Asile Heiligenschwendi	Pia	4	—	1921	3
	»	Perle	10	—	1923	2
»	»	Venus	11	—	1923	2
»	»	Venus	11	—	1923	3
»	»	Erika	12	—	1923	3
»	Oehrli Joh.	Luste	41	—	1920	5
»	»	Kleb	42	—	1922	3
»	»	Kaiser	43	—	1923	2
»	Asile Heiligenschwendi	Lusta	64	—	1922	3
»	»	Bethli	65	—	1924	2
»	»	Velma	67	—	1924	2
»	Küng Fritz	Taube	86	—	1923	2
»	Asile Heiligenschwendi	Hedy	106	—	1923	1
Synd. de Herzogen-buchsee	Gygax Fritz	Luste	141	—	1920	4
	Stähli Gottfr.	Dora	152	—	1921	3
»	Gerber Gottlieb	Odessa	187	—	1923	2
»	Stähli Gottfr.	Leni	205	—	1924	2
Synd. de Hindelbank	Witschi A.	Berna	111	—	1920	4
»	»	Myrthe	180	—	1922	3
»	Witschi Hans	Felder	209	—	1923	3
»	Witschi Fritz	Flora	221	—	1922	2
»	Witschi A.	Fink	224	20 Hindelb.	1924	2
Synd. de Jegenstorf	Bütikofer Fritz	Stella	715	—	1922	3
»	»	Jäger	719	—	1920	6
»	Rufer frères	Perle	737	—	1922	2

Nombre de points	Poids vif moyen	Nombre de jours			Rendement par période de lactation			Rendement calculé sur 365 jours			Rendement de lait		Teneur moyenne en graisse	Marque de bonne laitière
		de lactation	de tarissement	entre les vêlages	Lait Total	Lait par jour	Graisse Total	Lait Total	Lait par 100 kg. de poids vif	Graisse Total	par jour de l'intervalle des vêlages	pendant les 100 premiers jours		
	kg				kg	kg	kg	kg	kg	kg	kg	kg	%	
85	—	304	37	341	5028	16,5	—	5366	—	—	14,7	1773	*	(𝔏)
84	—	319	56	375	4916	15,4	174,4	4782	—	169,7	13,1	1710	3,54	(𝔏)
85	—	290	12	302	4469	15,4	—	5402	—	—	14,8	1891	*	(𝔏)
78	650	313	53	366	4098	13,0	140,9	4088	629	140,2	11,2	1410	3,45	𝔏
82	725	311	46	357	5583	17,9	223,4	5694	750	228,1	15,6	2113	4,00	(𝔏)
85	710	318	60	378	4885	15,4	171,6	4709	662	165,7	12,9	1680	3,51	(𝔏)
87	720	301	76	377	5689	16,5	219,9	5508	765	212,9	15,0	2422	3,86	(𝔏)
83	567	320	89	409	4315	13,7	163,5	3833	590	145,6	10,5	1543	3,77	𝔏
91	683	275	69	344	3327	12,1	141,2	3506	512	149,7	9,7	1377	4,24	(𝔏)
82	640	380	64	444	4993	13,1	169,9	4104	641	139,6	11,2	1617	3,20	(𝔏)
86	684	277	57	334	4050	14,6	146,5	4427	647	160,2	12,3	1702	3,62	(𝔏)
82	626	326	75	401	4335	13,3	171,8	3906	564	162,1	10,7	1687	3,96	(𝔏)
87	620	275	80	355	3210	11,6	116,6	3321	545	120,0	9,1	1219	3,63	𝔏
85	642	284	68	352	4103	14,7	146,5	4234	659	151,8	11,6	1687	3,55	(𝔏)
88	692	306	71	377	4244	13,8	151,4	4088	587	146,4	11,2	1513	3,55	(𝔏)
90	744	290	74	364	3981	13,7	156,1	3979	534	156,2	10,9	1622	3,77	(𝔏)
89	684	325	56	381	3732	11,5	180,4	3577	523	173,4	9,8	1354	4,83	(𝔏)
85	647	302	16	318	3468	11,4	131,1	3979	614	150,4	10,9	1375	3,59	𝔏
84	638	340	64	404	4493	13,2	166,9	4052	635	151,1	11,1	1553	3,59	(𝔏)
90	690	267	99	366	3537	13,2	145,3	3540	513	138,3	9,7	1464	4,10	𝔏
82	536	307	59	366	3523	11,4	171,3	3491	642	170,8	9,6	1278	4,86	(𝔏)
84	667	315	70	385	4470	14,1	194,6	4234	635	184,3	11,6	1634	4,37	(𝔏)
89	689	295	52	347	4689	15,8	175,4	4928	716	184,3	13,5	1907	3,73	(𝔏)
90	619	305	71	376	4568	14,9	164,5	4490	720	157,7	12,3	1761	3,60	(𝔏)
89	536	350	73	423	3366	9,3	149,6	2884	538	128,8	7,9	977	4,41	𝔏
93	689	344	99	443	4065	11,8	154,4	3358	482	127,4	9,2	1386	3,79	𝔏
85	721	317	80	397	4698	14,8	172,5	4308	597	157,6	11,8	1945	3,67	(𝔏)
86	667	304	56	360	3911	12,8	161,4	3942	586	163,5	10,8	1495	4,12	(𝔏)
82	579	372	66	438	3529	9,8	155,3	2957	438	129,2	8,1	1351	4,40	𝔏
86	820	326	57	383	3826	11,7	154,5	3650	456	147,1	10,0	1741	4,05	𝔏
84	730	299	47	346	4035	13,4	156,6	4234	580	165,0	11,6	1655	3,88	𝔏
84	650	334	51	385	4109	12,3	195,4	3869	595	185,1	10,6	1530	4,76	(𝔏)
85	710	288	69	357	4480	15,5	197,3	4563	640	201,5	12,5	1783	4,40	(𝔏)
82	790	382	58	440	5821	15,2	186,4	4818	609	154,4	13,2	1748	3,20	(𝔏)
85	650	305	38	343	4801	15,7	214,7	5074	780	228,1	13,9	1666	4,47	(𝔏)
84	637	284	52	336	4223	14,8	189,2	4563	716	205,1	12,5	1834	4,47	(𝔏)
83	617	368	110	478	4904	13,3	193,7	3760	547	147,8	10,3	1537	3,95	𝔏
85	656	351	55	406	4375	12,4	161,7	3906	590	145,3	10,7	1600	3,69	𝔏
88	700	290	56	346	3555	12,2	141,6	3723	531	148,2	10,2	1438	3,98	𝔏
88	700	300	59	359	3639	12,1	151,8	3687	527	154,0	10,1	1342	4,15	𝔏
83	680	327	38	365	4198	12,8	130,8	4198	618	136,1	11,5	1517	3,11	𝔏
90	790	338	59	397	4712	13,9	186,4	4344	549	171,2	11,9	1860	3,95	(𝔏)
85	670	374	89	463	6400	17,1	—	5044	752	—	13,8	2063	*	(𝔏)
84	650	405	35	440	6732	16,6	254,9	5110	786	211,3	14,0	2122	3,78	(𝔏)
86	910	307	57	364	4341	14,1	142,7	4344	480	143,0	11,9	1508	3,29	𝔏
81	650	400	31	431	5348	13,3	217,1	4526	642	184,0	12,4	1991	4,05	(𝔏)
89	740	260	63	323	4153	15,9	173,8	4599	620	196,4	12,6	1617	4,17	(𝔏)
88	730	274	70	344	4620	16,8	192,8	4902	671	204,5	13,4	2135	4,17	(𝔏)
82	700	348	31	379	5035	14,4	225,0	4848	692	216,9	13,2	1745	4,46	(𝔏)
90	793	306	66	372	6538	21,3	240,7	6424	807	236,9	17,6	2709	3,48	(𝔏)
85	640	303	78	381	3403	11,2	148,5	3260	509	142,2	9,0	1327	4,36	𝔏
86	715	328	71	399	4292	13,0	158,7	3906	555	145,6	10,7	1657	3,68	𝔏
85	—	339	55	394	5744	17,0	262,2	5329	—	187,2	14,6	2036	4,56	(𝔏)
88	760	325	56	380	4228	13,0	161,5	4052	536	154,8	11,1	1475	3,81	𝔏

Canton Syndicat	Propriétaire	Nom de la vache	N° à la corne	Marque métallique N° et inscription	Année de naissance	Nombre de vêlages
Canton de Berne						
Synd. de Jegenstorf	Rufer frères	Belline	741	—	1923	2
»	Aeberhard Fritz	Küng	799	—	1923	3
Synd. d'Interlaken	Hirni Ernst	Luste	676	—	1918	7
»	Zwahlen famille	Meiel	677	—	1918	7
»	»	Lorli	758	—	1921	5
»	Feutz frères	Blösch[2])	792	—	1921	4
»	Wirth, hôtelier	Flora[2])	828	—	1922	3
»	Zingrich Gottl.	Rosa[2])	840	—	1919	5
»	Galli S.	Nelli	848	—	1923	2
»	Zwahlen fam.	Lerch[2])	852	43 Interlak.	1924	2
Synd. de Kirchlindach	Herrenschwand Otto	Tubi	546	—	1920	4
»	»	Berna	547	—	1921	4
»	Lehmann frères	Junker	565	—	1921	4
»	Etter frères	Linette	591	—	1922	3
»	Grimm Fritz	Wächter	612	—	1922	3
»	Herrenschwand Otto	Fliege	621	—	1922	2
»	»	Dachs	624	—	1920	3
»	Heilstätte Nüchtern	Walde	639	—	1923	2
»	Herrenschwand Otto	Gugger	663	5 K'lindach	1923	2
»	Grimm Fritz	Lony	668	4 K'lindach	1923	1
»	Heilstätte Nüchtern	Grittli	679	—	1922	1
»	Schnell Fritz	Falk	694	—	1921	4
»	Glauser veuve	Gemse	700	22 K'lindach	1924	2
»	»	Fleck	703	—	1921	1
»	Tschanz G.	Gurt	709	—	1923	2
»	Glauser veuve	Blonde	714	—	1922	3
»	Herrenschwand Otto	Back	716	42 K'lindach	1924	1
»	Grimm Fritz	Läufer	721	—	1924	1
»	Glauser veuve	Prinz	738	—	1919	5
»	Tschanz G.	Back	744	—	1923	1
Synd. de Langenthal	Schürch Fritz	Miggi	140	—	1919	5
»	Ecole d'agr. Waldhof	Nelli	154	—	1919	6
»	Rufener Paul	Pia Féo	215	—	1920	3
»	»	Pia Féo	215	—	1920	4
»	»	Dori	218	—	1920	5
»	»	Mai	233	—	1921	4
»	»	Züsi	234	—	1920	4
»	Schürch Fritz	Zita	257	—	1921	3
»	Ecole d'agr. Waldhof	Furka II	307	—	1921	3
»	»	Luste	309	—	1922	3
Synd. de Lützelflüh	Bärtschi Joh.	Rigi	825	—	1921	4
»	Steffen Fritz	Scheck	850	—	1921	3
»	»	Lusti	851	—	1921	3
»	Bärtschi Joh.	Amsel	858	—	1921	4
»	Steffen Fritz	Kander	887	—	1922	3
»	Gygax Fritz	Pfau	899	—	1922	3
»	»	Flamme	900	—	1922	3
»	»	Simme	903	—	1923	3
»	Gammeter Alfred	Julia	904	—	1922	2
»	Steffen Gottfr.	Schwalbe	912	—	1923	4
»	»	Miss	913	—	1923	2
»	»	Hirsch	940	17 Lützelflüh	1923	2
»	»	Gülde	941	20 Lützelflüh	1923	2
Syndicat de Lyss	Struchen Ad.	Velma	644	—	1922	3

Nombre de points	Poids vif moyen	Nombre de jours: de lactation	Nombre de jours: de tarissement	Nombre de jours: entre les vêlages	Rendement par période de lactation: Lait Total	Rendement par période de lactation: Lait par jour	Rendement par période de lactation: Graisse Total	Rendement calculé sur 365 jours: Lait Total	Rendement calculé sur 365 jours: Lait par 100 kg. de poids vif	Rendement calculé sur 365 jours: Graisse Total	Rendement de lait: par jour de l'intervalle des vêlages	Rendement de lait: pendant les 100 premiers jours	Teneur moyenne en graisse	Marque de bonne laitière
	kg				kg	kg	kg	kg	kg	kg	kg	kg	%	
88	—	315	45	360	4460	14,1	179,4	4490	—	175,2	12,3	1651	4,02	(𝔏)
83	—	327	62	389	4857	15,0	170,4	4563	—	160,0	12,5	1800	3,50	(𝔏)
82	—	354	71	425	4475	12,6	185,8	3832	—	159,5	10,5	1613	4,15	𝔏
86	—	240	112	352	3937	16,4	174,9	4070	—	180,6	11,1	1750	4,44	(𝔏)
84	—	284	58	342	3851	13,5	161,5	4450	—	172,2	12,2	1532	4,20	(𝔏)
87	—	287	62	349	3920	13,6	153,3	4088	—	160,6	11,2	1417	3,73	(𝔏)
91	833	369	61	430	4206	11,4	166,1	3569	420	141,2	9,7	1336	3,94	𝔏
82	—	335	81	416	4935	14,7	172,3	4328	—	151,1	11,8	1649	3,49	(𝔏)
86	—	350	48	398	5121	14,6	230,6	4709	—	155,5	12,9	1612	4,51	(𝔏)
85	—	297	56	353	3210	10,5	131,0	3322	—	128,5	9,1	1407	4,05	𝔏
88	740	325	40	365	6376	19,2	237,9	6376	792	232,9	17,5	2499	3,65	(𝔏)
83	676	320	48	368	4277	13,3	169,6	4240	627	167,9	11,6	1947	3,96	(𝔏)
85	730	327	61	388	4948	15,1	209,4	4599	630	196,7	12,6	2139	4,23	(𝔏)
80	—	295	70	365	3857	13,0	134,0	3857	—	134,0	10,5	1964	3,47	𝔏
87	—	393	57	450	5422	13,7	209,5	4417	—	169,5	12,1	1823	3,86	(𝔏)
87	700	313	47	360	4687	14,9	205,2	4745	721	208,0	13,0	2044	4,37	(𝔏)
88	835	359	47	406	4671	13,0	162,9	4198	502	146,4	11,5	1616	3,48	𝔏
82	695	375	46	421	4400	11,7	173,3	3796	503	150,0	10,4	1776	3,81	𝔏
86	715	311	29	340	4026	12,9	158,7	4234	766	176,6	11,6	1766	3,79	𝔏
91	1030	387	66	453	6018	13,9	255,0	4848	470	205,0	13,2	2155	4,23	(𝔏)
85	—	354	56	410	4328	12,2	196,6	3906	—	174,8	10,7	1769	4,54	(𝔏)
83	—	291	76	367	4502	15,4	174,9	4457	—	173,7	12,2	1875	3,88	(𝔏)
85	—	308	55	363	3274	10,6	144,7	3285	—	139,1	9,0	1556	4,40	𝔏
82	608	335	62	397	4708	14,1	174,9	4307	708	160,6	11,8	1944	3,71	𝔏
87	—	313	63	376	4150	13,2	152,5	4015	—	147,8	11,0	1635	3,67	𝔏
87	—	348	74	422	4715	13,5	164,1	4052	—	136,9	11,1	1866	3,49	𝔏
81	710	305	42	347	4215	13,8	163,9	4417	622	165,3	12,1	1529	3,75	𝔏
86	—	348	35	383	4523	12,9	163,6	4234	—	155,9	11,6	1482	3,61	𝔏
84	—	275	36	311	3719	13,5	145,9	4344	—	170,4	11,9	1570	3,92	(𝔏)
80	690	299	38	337	5080	16,9	179,7	5475	748	194,5	15,0	1937	3,53	(𝔏)
84	—	302	41	343	4269	14,1	139,4	4526	—	148,2	12,4	1942	3,28	(𝔏)
85	—	315	68	383	4468	14,1	172,9	4234	—	164,2	11,6	1549	3,74	𝔏
84	—	275	63	338	4401	16,0	176,0	4745	—	189,8	13,0	1670	3,99	(𝔏)
84	756	297	63	360	5125	17,3	199,6	5112	680	201,1	14,2	1816	3,89	(𝔏)
82	—	299	47	346	4522	15,1	178,5	4745	—	187,9	13,0	1718	3,82	(𝔏)
83	—	298	61	359	5246	17,3	190,4	5329	—	193,5	14,6	1984	3,59	(𝔏)
85	780	356	67	423	4608	12,9	165,5	3906	500	137,6	10,7	1429	3,59	𝔏
85	—	280	43	423	3477	12,4	125,4	3833	—	141,6	10,5	1560	3,61	𝔏
90	—	501	86	587	6430	12,9	275,9	3942	—	171,5	10,8	2080	4,29	(𝔏)
88	—	359	84	443	4324	12,0	173,1	3541	—	137,6	9,7	1585	4,00	𝔏
84	740	387	68	455	4957	12,8	184,5	3979	537	147,5	10,9	1666	3,72	𝔏
86	684	375	52	427	4624	12,3	187,2	3906	570	160,2	10,7	1455	4,04	𝔏
85	670	284	55	339	3262	11,4	132,3	3541	528	142,4	9,7	1280	4,05	𝔏
89	857	302	70	372	5592	16,2	222,3	5475	640	156,6	15,0	2048	3,98	(𝔏)
84	715	290	48	338	3702	12,7	157,4	3906	546	169,7	10,7	1396	4,25	𝔏
84	714	329	111	440	4373	13,3	175,1	3628	507	145,2	9,9	1449	4,00	𝔏
83	674	314	90	404	4582	14,6	183,2	4139	614	165,3	11,3	1679	3,90	𝔏
85	644	300	103	403	4120	13,7	172,3	3723	578	156,2	10,2	1530	4,18	𝔏
88	—	351	73	424	4410	12,5	189,6	3833	—	163,5	10,5	1460	4,29	𝔏
87	650	332	45	377	4422	13,3	176,5	4271	603	164,6	11,7	1288	3,86	𝔏
84	702	375	60	435	5081	13,5	190,7	4198	595	159,9	11,5	1832	3,75	𝔏
84	715	362	55	417	4096	11,5	171,4	3614	505	150,0	9,9	1333	4,17	𝔏
84	640	327	50	377	3360	10,2	144,6	3249	510	134,3	8,9	1128	4,30	𝔏
86	670	333	49	382	5312	15,8	175,7	5074	707	167,5	13,9	1886	3,31	(𝔏)

Canton Syndicat	Propriétaire	Nom de la vache	N° à la corne	Marque métallique N° et inscription	Année de naissance	Nombre de vêlages
Canton de Berne						
Synd. de Meikirch	Stebler Gottfr.	Geier	1048	—	1921	3
»	»	Adele	1051	—	1922	3
»	Moser Chr.	Gemsi	1065	—	1922	3
»	Schlup Alex.	Kaiser	1089	—	1923	2
»	»	Spire	1091	—	1922	2
»	Asile Frienisberg	Strauss	1104	—	1921	3
»	»	Ilfis	1107	—	1922	2
»	»	Blum	1109	—	1922	3
»	Moser Chr.	Gugger	1115	—	1920	3
»	Asile Frienisberg	Scheck	1116	—	1921	4
»	»	Fulda	1117	—	1923	1
»	»	Schwalbe II	1175	—	1923	4
»	»	Fürst	1177	—	1922	3
Synd. de Münsingen	Ecole d'agr. Schwand	Olga	664	—	1922	4
»	Asile cant. d'aliénés	Junker	716	—	1922	2
»	»	Pfau	718	—	1921	3
»	»	Eva	722	—	1923	2
»	»	Stär	779	—	1923	2
S. de Muri-Gümligen	Kunz Joh.	Flora	509	6 Ferenbalm	1923	2
Snd. d'Oberdiessbach	Baumann Chr.	Jeta	563	—	1918	6
»	von Wattenwyl Ed.	Trine	617	—	1920	4
»	»	Chleb	621	—	1921	4
»	»	Kläri	671	—	1922	3
»	Schneiter frères	Freude	683	—	1922	3
»	»	Flora	685	—	1920	4
Synd. d'Oberhasli	Graber Pirmin	Göldi	8	—	1917	7
»	Michel Fritz	Alma	24	—	1917	5
»	»	Berna II²)	32	—	1919	6
»	»	Berna II	32	—	1916	7
»	Graber Pirmin	Betli	46	—	1919	6
»	Santschi Jakob	Rosi	63	—	1918	5
»	Michel Fritz	Husar²)	65	—	1919	4
»	»	Berna I²)	67	—	1919	3
»	Graber Pirmin	Fürst	73	—	1920	5
»	Huggler Mathäus	Junker²)	109	—	1921	4
»	Michel Fritz	Freude	121	—	1918	6
»	»	Strauss	122	—	1917	7
»	»	Käthi	124	—	1917	7
»	»	Heidi	125	—	1921	5
»	»	Blondi	130	—	1922	3
»	»	Baronesse²)	168	4985 Bern	1925	1
»	»	Fürst²)	170	—	1920	5
Synd. d'Oberwil i.S.	Gerber Joh.	Fink²)	313	—	1915	10
»	Teuscher Rud.	Tulipan¹)	399	—	1916	7
»	Gerber Joh.	Fäder²)	465	—	1919	6
»	Feuz Chr.	Hirz²)	527	—	1922	3
»	»	Junker²)	563	—	1923	3
»	Matti David	Berna²)	579	—	1922	3
»	Feuz Chr.	Pfau²)	603	71 Oberw. i. S.	1924	2
Syndicat d'Oesch	Ursenbacher Fritz	Berna III	888	—	1918	5
»	»	Mina	952	—	1920	5
»	Domaine Oeschberg	Bouquet	963	—	1918	5
»	»	Adler	992	—	1922	3
»	»	Chleb	1100	34 Oesch	1924	2

Nombre de points	Poids vif moyen	Nombre de jours			Rendement par période de lactation			Rendement calculé sur 365 jours			Rendement de lait		Teneur moyenne en graisse	Marque de bonne laitière
		de lactation	de tarissement	entre les vêlages	Lait Total	Lait par jour	Graisse Total	Lait Total	Lait par 100 kg. de poids vif	Graisse Total	par jour de l'intervalle des vêlages	pendant les 100 premiers jours		
	kg				kg	kg	kg	kg	kg	kg	kg	kg	%	
85	627	471	43	514	4968	10,5	210,1	3541	562	148,9	9,7	1558	4,22	𝔏
90	827	442	68	510	5847	13,2	243,0	4161	503	175,2	11,4	2039	4,14	(𝔏)
86	665	316	49	365	4236	13,4	180,6	4161	526	180,2	11,4	1881	4,26	(𝔏)
85	800	364	61	425	4076	11,1	187,6	2993	350	161,1	8,2	1434	4,60	𝔏
84	725	297	56	353	4585	15,4	176,8	4709	660	182,8	12,9	2171	3,85	(𝔏)
87	840	334	68	402	3553	10,6	158,9	3212	380	138,7	8,8	1529	4,47	𝔏
86	775	415	52	467	4061	9,7	189,2	3139	405	147,8	8,6	1440	4,51	𝔏
82	688	328	50	378	3707	11,3	146,2	3576	520	141,2	9,8	1269	3,94	𝔏
87	700	758	56	814	10136	13,4	424,6	4563	558	190,2	12,5	1775	4,20	(𝔏)
87	715	316	61	377	4407	13,9	156,0	4270	600	150,7	11,7	1767	3,54	𝔏
90	812	343	56	399	4168	12,1	178,7	3833	470	165,3	10,5	1513	4,28	𝔏
90	640	304	48	352	4514	14,8	163,5	4599	661	162,8	12,6	1704	3,62	(𝔏)
90	—	304	28	332	3642	11,9	148,8	3979	—	162,8	10,9	1332	4,08	𝔏
90	—	329	48	377	4066	12,1	142,7	3869	—	137,6	10,6	1591	3,50	𝔏
85	—	363	34	397	5647	15,5	231,5	5183	—	213,2	14,2	1945	4,09	(𝔏)
88	598	396	47	443	4873	12,3	190,1	4015	671	156,8	11,0	1787	3,91	𝔏
87	629	337	90	427	4668	13,8	174,3	3979	632	148,9	10,9	1890	3,61	𝔏
88	—	309	51	360	3866	12,5	159,9	3906	—	162,0	10,7	1297	4,13	𝔏
85	—	362	58	420	4552	12,5	180,9	3906	—	151,9	10,7	1427	3,85	𝔏
80	650	350	66	416	7014	20,0	296,0	6153	946	259,5	16,8	2403	4,20	(𝔏)
89	750	364	39	403	4634	12,7	195,6	4161	554	175,9	11,4	1936	4,22	(𝔏)
83	596	343	47	390	4563	13,3	162,9	4271	716	152,2	11,7	1701	3,57	𝔏
85	558	314	61	375	4678	14,9	167,3	4551	815	162,7	12,4	1884	3,58	(𝔏)
85	700	337	57	394	4267	12,7	188,3	3942	563	174,4	10,8	1629	4,41	(𝔏)
85	720	322	50	372	4528	14,0	206,0	4417	613	201,8	12,1	1822	4,54	(𝔏)
84	697	328	49	377	4950	15,1	178,5	4782	599	172,6	13,1	1509	3,60	(𝔏)
81	586	343	75	418	4213	12,2	162,8	3687	627	142,1	10,1	1543	3,86	𝔏
85	642	316	56	372	4579	14,4	179,2	4490	694	175,6	12,3	1883	3,91	(𝔏)
85	675	297	57	354	4799	16,1	198,2	4928	681	204,6	13,5	1877	4,13	(𝔏)
84	670	338	39	377	5405	15,9	208,9	5220	729	202,2	14,3	1786	3,77	(𝔏)
80	560	321	58	379	4403	13,7	172,0	4234	739	165,7	11,6	1464	3,90	𝔏
84	614	350	90	440	4564	13,0	166,4	3760	612	138,0	10,3	1762	3,64	𝔏
83	586	348	43	391	5286	15,1	214,6	4928	840	200,4	13,5	1801	4,05	(𝔏)
79	615	370	53	423	5028	13,8	177,6	4271	686	152,9	11,7	1570	3,63	𝔏
84	680	374	80	454	4811	12,9	197,6	3796	562	158,8	10,4	1385	4,10	(𝔏)
83	586	443	47	490	6303	14,2	237,2	4636	718	171,9	12,7	1828	3,69	(𝔏)
83	597	405	70	475	5383	13,5	210,9	4125	684	162,1	11,3	1679	3,83	𝔏
85	631	472	52	524	6110	12,9	232,4	4234	612	161,7	11,6	1831	3,74	𝔏
81	625	327	74	401	5468	16,6	214,3	4964	734	194,9	13,6	1899	3,92	(𝔏)
85	640	310	59	369	4840	15,6	219,3	4782	697	215,7	13,1	1827	4,54	(𝔏)
83	590	361	54	415	4267	11,6	153,3	3723	561	129,6	10,2	1358	3,57	𝔏
88	670	307	76	383	4669	15,2	170,3	4453	616	162,0	12,2	1882	3,64	(𝔏)
88	635	304	65	369	4131	13,6	154,4	4088	643	152,5	11,2	1521	3,73	(𝔏)
88	669	340	58	398	5048	14,6	194,7	4636	643	171,9	12,7	1673	3,86	(𝔏)
86	626	297	83	380	4213	14,1	155,3	4015	641	149,3	11,0	1425	3,68	(𝔏)
88	678	306	60	366	5102	14,4	186,9	5075	745	186,7	13,9	2042	3,61	(𝔏)
89	612	295	61	356	4624	15,6	170,2	4672	699	166,8	12,8	1779	3,68	(𝔏)
86	715	337	44	381	5098	15,1	210,4	4855	678	142,4	13,3	1640	4,12	(𝔏)
89	560	297	52	349	4053	13,6	139,8	4237	756	146,0	11,6	1838	3,45	(𝔏)
86	—	301	26	327	3609	11,7	118,9	4015	—	132,5	11,0	1446	3,29	𝔏
84	—	292	65	357	3763	12,6	135,5	3833	—	138,7	10,5	1487	3,60	𝔏
89	—	352	38	390	4036	11,4	152,1	3760	—	142,4	10,3	1494	3,76	𝔏
82	—	314	55	369	3968	12,6	147,5	3906	—	145,6	10,7	1705	3,71	𝔏
83	—	301	39	340	3035	10,0	133,6	3249	—	136,1	8,9	1212	4,39	𝔏

Canton Syndicat	Propriétaire	Nom de la vache	N° à la corne	Marque métallique N° et inscription	Année de naissance	Nombre de vêlages
Canton de Berne						
Syndicat d'Oesch	Domaine Oeschberg	Chroni	1101	32 Oesch	1924	2
»	Ursenbacher Fritz	Kaiser	1110	—	1923	2
Synd. d'Oschwand	Wälchli Paul	Musi	561	—	1920	5
»	Gygax Werner	Kläry	593	—	1920	4
»	Wälchli Karl	Kroni	605	—	1918	6
»	Friedli frères	Draga	623	—	1923	3
»	»	Dachs	624	—	1923	3
»	Wälchli Fritz	Scheck	643	—	1922	2
»	Friedli frères	Eva	666	—	1923	2
Synd. de Pohlern	Gassner E.	Lina	387	—	1918	6
»	Schwendimann Fritz	Leni	486	—	1920	4
»	Messerli Karl	Pfau	557	—	1923	3
»	»	Prinz	609	39 Pohlern	1924	2
Synd. de Reidenbach-Schwarzenmatt	Gerber Fritz	Olga[2])	331	—	1917	6
	»	Krügel[2])	443	—	1921	4
»	Ueltschi Jakob	Krone[2])	461	—	1921	3
»	Allemann Joh.	Fink	486	—	1921	2
»	Ueltschi Jakob	Flora[2])	500	—	1922	2
»	Matti David	Mai[2])	522	—	1922	2
Syndicat de Ried près Schlosswil	Christen Werner	Kunigunde	639	—	1919	5
	»	Lotte	653	—	1919	4
»	»	Kaiser	659	—	1919	4
»	Moser Fritz	Lerch	706	—	1922	2
»	Bigler Hans	Berge	714	—	1920	3
»	Christen Werner	Arbe	729	—	1923	3
»	Moser Fritz	Berna	735	—	1923	2
»	Bigler Hans	Kaiser	746	5 Ried	1924	2
Synd. de Riggisberg	Kohler Joh.	Gäbel	440	—	1919	6
»	»	Adler	451	—	1918	6
»	»	Gemse	452	—	1917	7
»	Asile de Riggisberg	Rundi	460	—	1913	5
»	»	Lusti	464	—	?	?
»	Kohler Joh.	Vion	504	—	1919	6
»	Messerli frères	Gemse	543	—	1917	8
»	»	Strauss	545	—	1920	5
»	»	Prinz	546	—	1919	6
»	Rohrbach Karl	Krone	566	—	1921	4
»	Asile de Riggisberg	Lea	606	—	?	?
»	Berger frères	Spiegel	613	—	1920	4
»	»	Graf	614	—	1919	4
»	»	Strauss	615	—	1922	3
»	»	Gemse	682	—	1923	2
»	Kohler Joh.	Alma	695	—	1923	2
»	Asile de Riggisberg	Aare	700	—	1923	2
»	Messerli frères	Storch	707	—	1920	3
»	Asile de Riggisberg	Falk	746	—	1923	2
»	»	Leni	747	—	1923	3
»	»	Laura II	748	—	1924	1
»	»	Husar	752	—	1924	1
»	»	Lusti II	754	—	1919	6
»	Messerli frères	Spiri	811	—	1925	2
Synd. de Rubigen	Sidler Alfred	Venner	415	—	1921	4
»	Schneider veuve	Adler	422	—	1919	4
»	Schneider Hans	Preuss	426	—	1921	5

Nombre de points	Poids vif moyen	Nombre de jours			Rendement par période de lactation			Rendement calculé sur 365 jours			Rendement de lait		Teneur moyenne en graisse	Marque de bonne laitière
		de lactation	de tarissement	entre les vêlages	Lait Total	Lait par jour	Graisse Total	Lait Total	Lait par 100 kg. de poids vif	Graisse Total	par jour de l'intervalle des vêlages	pendant les 100 premiers jours		
	kg				kg	kg	kg	kg	kg	kg	kg	kg	%	
83	—	321	29	350	3228	10,0	149,6	3504	—	155,1	9,6	1291	4,61	𝔏
85	—	350	82	432	4055	11,5	169,2	3426	—	142,9	9,3	1436	4,17	𝔏
82	—	383	39	422	5178	13,5	211,0	4453	—	178,9	12,2	1908	4,07	Ⓛ
83	680	321	40	361	5161	16,0	185,9	5256	680	187,6	14,4	1742	3,60	Ⓛ
83	630	337	66	403	5253	15,5	199,9	4745	685	175,6	13,0	1896	3,71	Ⓛ
85	660	279	49	328	4944	17,8	188,7	5512	783	209,1	15,1	2036	3,71	Ⓛ
82	645	294	49	343	4346	14,7	154,5	4599	712	164,3	12,6	1815	3,55	Ⓛ
84	740	346	56	402	5419	15,6	183,6	4928	630	166,0	13,5	1672	3,39	Ⓛ
84	671	320	58	378	4391	13,7	164,0	4234	630	158,0	11,6	1640	3,73	𝔏
86	—	299	44	343	5128	17,1	178,8	5439	—	190,2	14,9	1783	3,49	Ⓛ
84	—	360	53	413	6246	17,3	256,4	5512	—	223,7	15,1	1928	4,10	Ⓛ
83	730	310	54	364	3890	12,5	143,0	3898	534	143,4	10,6	1216	3,67	𝔏
91	727	284	64	348	4201	14,7	157,8	4416	608	165,5	12,1	1740	3,75	𝔏
90	—	315	89	404	3656	11,6	149,9	3322	—	135,4	9,1	1293	4,10	𝔏
87	—	309	70	379	3815	12,3	166,9	3687	—	160,6	10,1	1410	4,35	Ⓛ
93	—	304	70	374	6160	20,2	233,2	5986	—	226,6	16,4	2449	3,79	Ⓛ
85	—	328	60	388	4283	13,0	160,4	4015	—	150,7	11,0	1515	3,74	𝔏
89	—	306	71	377	5443	15,5	258,0	5256	—	188,7	14,4	2013	4,73	Ⓛ
87	—	308	54	362	5159	16,7	182,3	5183	—	183,6	14,2	1663	3,53	Ⓛ
83	611	313	52	365	5041	16,1	215,9	5041	712	215,9	13,8	1954	4,29	Ⓛ
83	685	374	53	427	5043	13,5	236,8	4234	618	207,7	11,6	1696	4,68	Ⓛ
82	634	319	41	360	5933	18,6	292,5	6023	834	231,4	16,5	2370	4,24	Ⓛ
80	690	271	97	368	4422	16,3	192,4	4380	635	190,5	12,0	1846	4,36	Ⓛ
84	736	293	51	344	5067	17,3	199,5	5366	732	143,4	14,7	2390	3,93	Ⓛ
82	728	340	36	376	5370	15,6	245,5	5183	674	171,6	14,2	1978	4,57	Ⓛ
80	600	300	44	344	4799	15,9	215,4	5074	712	228,5	13,9	1537	4,50	Ⓛ
86	680	267	70	337	3192	11,9	131,1	3431	536	141,9	9,4	1695	4,10	𝔏
83	624	282	71	353	5428	19,2	236,9	5585	889	177,7	15,3	2472	4,36	Ⓛ
85	750	331	64	395	4173	12,6	179,4	3833	511	165,7	10,5	1626	4,29	𝔏
82	630	300	55	355	5072	16,9	192,1	5183	822	197,5	14,2	2141	3,79	Ⓛ
84	715	351	92	443	5259	14,9	240,2	4307	602	197,8	11,8	2007	4,56	Ⓛ
?	765	333	37	370	4362	13,0	181,7	4234	553	176,5	11,6	1512	4,15	Ⓛ
92	—	279	73	352	5057	18,1	192,0	5219	—	198,9	14,3	1905	3,80	Ⓛ
83	—	284	60	344	4492	15,8	201,1	4763	—	213,1	13,0	1675	4,48	Ⓛ
81	—	329	37	366	5851	17,8	266,9	5846	—	266,0	16,0	1858	4,56	Ⓛ
81	—	310	55	365	4658	15,0	218,2	4658	—	218,2	12,7	1554	4,68	Ⓛ
86	730	319	36	355	4452	14,0	153,6	4562	625	157,6	12,5	1640	3,45	Ⓛ
?	715	332	42	374	5005	15,0	224,4	4891	680	219,0	13,4	1858	4,48	Ⓛ
84	590	321	61	382	3595	11,2	172,8	3431	581	164,9	9,4	1446	4,62	𝔏
81	660	308	51	359	4305	13,9	—	4344	657	—	11,9	1931	*	𝔏
84	672	342	53	395	4169	12,2	211,6	3833	570	194,5	10,5	1867	5,08	Ⓛ
82	708	302	63	365	4041	13,3	190,3	4041	570	190,3	11,1	1906	4,70	Ⓛ
82	673	316	71	387	4081	12,9	212,3	3833	569	200,8	10,5	1701	5,20	Ⓛ
81	725	309	52	361	4702	15,2	226,5	4745	656	228,8	13,0	1965	4,77	Ⓛ
83	—	325	40	365	4584	14,1	214,0	4584	—	214,0	12,5	1468	4,67	Ⓛ
81	700	310	32	342	3770	12,1	157,0	4015	502	167,5	11,0	1410	4,16	𝔏
85	—	321	78	399	4443	13,8	178,6	4062	—	163,1	11,1	1600	4,00	𝔏
85	805	460	20	480	5580	12,1	250,1	4234	525	190,1	11,6	1715	4,48	Ⓛ
84	770	335	51	386	3489	10,4	168,4	3285	455	159,5	9,0	1342	4,80	𝔏
87	795	376	57	433	3856	10,2	161,9	3300	439	136,1	9,0	1305	4,19	𝔏
80	—	301	44	345	3453	11,4	135,7	3650	—	143,4	10,0	1266	3,92	𝔏
84	—	344	63	407	4175	12,1	160,5	3723	—	138,3	10,2	1494	3,84	𝔏
86	840	361	62	423	4642	12,8	162,6	3942	469	142,4	10,8	1626	3,50	𝔏
82	590	312	62	374	4104	13,1	164,8	3942	668	160,6	10,8	1403	4,00	𝔏

Canton Syndicat	Propriétaire	Nom de la vache	N° à la corne	Marque métallique N° et inscription	Année de naissance	Nombre de vêlages
Canton de Berne						
Synd. de Rubigen	Schneider veuve	Krone	435	—	1921	5
»	Sidler Alfred	Scheck	454	—	1919	5
»	»	Hirz	456	—	1921	4
»	Schneider Hans	Käthe	486	—	1921	4
»	Sidler Alfred	Gemse	508	—	1920	5
»	Schneider Joh.	Gäbel	526	—	1921	4
»	Schneider Hans	Gemse	550	—	1923	2
»	Schneider Fr.	Käthi	590	—	1924	1
Synd. de Saanen	von Grünigen Arn.	Prinz²)	320	12 Saanen	1923	2
»	Wehren Armin	Iris²)	326	—	1920	4
»	»	Krone²)	327	—	1921	4
»	»	Kaiser²)	328	28 Saanenm.	1923	2
»	Matti-Gassner Gottl.	Alpina¹)	332	—	1923	2
»	»	Veiel II²)	335	—	1912	11
»	»	Freudi²)	336	—	1924	1
»	von Grünigen Arn.	Tulpe²)	340	72 Saanen	1925	1
»	»	Dachs²)	341	—	1924	1
»	Haldi Ulr.	Küng²)	351	—	1921	4
»	»	Bär²)	354	—	1922	4
Synd. de Saanen II	von Grünigen Ernst	Schwalbe²)	53	—	1923	3
»	von Siebenthal Arn.	Nägel²)	60	—	1920	5
»	»	Fürst²)	101	—	1924	2
»	»	Falk²)	103	—	1924	1
Snd. de Saanenmöser	von Siebenthal Hans	Adler²)	239	—	1922	3
»	Wehren Rud.	Nella²)	243	—	?	?
»	Zwahlen Alfred	Nelly¹)	246	—	1919	3
»	»	Prinz¹)	247	—	1922	3
»	Mösching Jakob	Freude²)	284	—	1921	3
»	»	Blösch²)	285	—	1922	3
»	Hauswirth Gottfr.	Junker²)	295	74 Saanenm.	1924	1
Synd. de Schüpfen	Stähli-Brunner fam.	Donau	615	—	1922	3
»	Minger Rud.	Hirz	648	—	1920	4
»	Stähli-Brunner fam.	Kander	682	18 Schüpfen	1924	1
Synd. de Seedorf	Affolter Otto	Gemse	171	—	1917	6
près Aarberg	»	Blösch	231	—	1918	6
»	»	Jüngferli	285	—	1922	3
»	»	Spiegel	286	—	1922	3
»	»	Wachtel	287	—	1921	3
»	Lauper Hermann	Kaiser	357	—	1918	5
»	Affolter Otto	Fürst	369	—	1921	4
»	»	Meiel	370	—	1921	4
»	Lauper Hermann	Simme	387	2 Seedorf	1923	2
»	»	Meiel	429	—	1921	4
»	»	Lerch II	433	—	1922	2
Synd. de Sigriswil	Santschi Joh.	Fink	11	—	1922	3
»	»	Blösch	12	—	1921	5
»	Tschanz Gottfr.	Flori	26	—	1922	3
»	Bühler Gottfr.	Hulda	36	—	1919	6
»	Oppliger veuve	Schägg	38	—	1920	6
»	Kämpf Dan.	Adler	57	—	1921	4
»	Ambühl Ernst	Vrena	71	—	1923	2
»	Graber Chr.	Krone	102	—	1924	2
»	Tschanz Hans	Blösch	120	—	1923	2
Synd. de Sumiswald	Held Alfred	Orange	1084	—	1923	3

Nombre de points	Poids vif moyen	Nombre de jours			Rendement par période de lactation			Rendement calculé sur 365 jours			Rendement de lait		Teneur moyenne en graisse	Marque de bonne laitière
		de lactation	de tarissement	entre les vêlages	Lait Total	Lait par jour	Graisse Total	Lait Total	Lait par 100 kg. de poids vif	Graisse Total	par jour de l'intervalle des vêlages	pendant les 100 premiers jours		
	kg				kg	kg	kg	kg	kg	kg	kg	kg	%	
82	760	341	49	390	5543	16,2	263,1	5183	650	189,0	14,2	1797	4,66	(£)
83	—	319	56	375	3783	11,6	154,9	3687	—	150,7	10,1	1637	4,09	£
82	—	263	67	330	3856	14,6	152,2	4234	—	168,3	11,6	1684	3,79	£
86	650	366	54	420	4416	12,0	169,3	3833	579	147,1	10,5	1171	3,70	£
85	—	340	57	397	3808	11,2	166,7	3504	—	152,9	9,6	1647	4,37	£
89	695	288	72	360	4343	15,0	196,0	4401	630	198,5	12,0	1724	4,51	(£)
85	630	347	49	396	4252	12,2	159,2	3869	614	146,7	10,6	1258	3,74	£
87	745	289	52	341	4149	14,3	146,4	4417	582	161,3	12,1	1416	3,52	£
89	730	315	67	382	4637	14,5	165,5	4417	611	158,0	12,1	1610	3,56	(£)
88	725	304	70	374	5573	18,3	198,9	5439	750	193,4	14,9	2084	3,49	(£)
83	640	314	51	365	5407	15,1	200,9	5407	783	200,9	14,8	1933	3,71	(£)
86	625	403	55	458	5666	14,0	184,2	4515	722	146,7	12,3	1784	3,25	(£)
87	650	379	81	460	4521	11,9	169,9	3577	550	131,0	9,8	1305	3,75	£
92	667	307	65	372	4573	14,9	162,7	4472	670	159,5	12,2	1721	3,56	(£)
87	650	252	74	326	2871	11,4	115,4	3212	483	128,8	8,8	1157	4,02	£
87	600	279	59	338	3334	11,9	140,1	3588	600	151,1	9,9	1436	4,20	(£)
85	710	277	35	312	3405	12,2	125,9	3869	545	147,1	10,6	1545	3,69	£
91	790	364	48	412	4899	13,4	198,0	4271	540	175,2	11,7	1663	4,04	(£)
85	665	305	14	319	4352	14,2	160,3	4964	691	183,2	13,6	1699	3,70	(£)
84	—	258	84	342	4602	17,8	196,0	4891	—	209,1	13,4	2112	4,26	(£)
93	—	261	55	316	3931	15,0	124,7	4526	—	135,8	12,4	1678	3,15	(£)
87	—	274	79	353	3864	14,1	145,9	3979	—	140,7	10,9	1531	3,76	(£)
88	—	271	73	344	3681	13,6	125,2	3906	—	132,9	10,7	1499	3,40	£
91	748	257	102	359	3605	14,0	127,8	3687	494	129,6	10,1	1554	3,36	£
?	686	327	57	384	3650	11,1	136,0	3467	505	129,2	9,5	1251	3,72	£
80	648	307	48	355	4291	13,9	145,1	4380	684	149,3	12,0	1775	3,38	(£)
81	652	347	91	438	3905	11,2	150,8	3300	558	125,5	9,0	1541	3,89	£
88	619	318	87	405	5161	16,0	181,8	4636	681	163,2	12,7	1940	3,52	(£)
85	590	275	76	351	4263	15,5	141,5	4417	672	148,2	12,1	1900	3,33	(£)
87	548	275	84	359	3256	11,8	123,0	3285	599	125,2	9,0	1297	3,74	£
85	—	295	66	361	4557	15,4	188,8	4599	—	190,5	12,6	1840	4,14	(£)
82	716	379	66	445	4895	12,9	201,0	4015	560	165,3	11,0	1764	4,11	£
87	—	373	48	421	4387	11,7	161,6	3803	—	140,1	10,4	1369	3,66	£
85	680	276	93	369	3871	14,0	136,9	3800	511	128,7	10,4	1827	3,53	£
85	670	373	48	421	5260	14,1	172,6	4563	631	149,3	12,5	1729	3,33	(£)
85	726	321	43	365	4360	13,5	170,8	4344	590	169,7	11,9	1785	3,77	£
81	765	305	43	348	4819	15,8	183,8	5074	663	192,7	13,9	1976	3,81	(£)
83	715	347	185	532	4762	13,9	205,5	3249	490	140,9	8,9	1530	4,31	£
81	677	329	71	400	5158	15,7	184,1	4636	684	167,9	12,7	1860	3,56	(£)
84	690	319	51	370	4406	13,8	170,5	4344	629	167,9	11,9	1842	3,86	(£)
85	—	306	53	359	4099	13,3	181,2	4161	—	183,9	11,4	1485	4,45	(£)
85	684	299	68	367	4553	15,2	166,9	4526	661	165,7	12,4	1647	3,65	(£)
85	675	290	76	366	4371	15,0	161,6	4307	638	160,9	11,8	1607	3,69	£
86	715	298	9	307	3343	11,2	117,7	3869	541	131,4	10,6	1376	3,51	£
85	625	356	48	404	3819	10,5	169,6	3468	555	152,9	9,5	1198	4,44	£
81	615	340	58	398	4913	14,4	215,5	4504	732	197,4	12,3	1898	4,38	(£)
82	661	371	49	420	4856	13,0	195,9	4170	629	164,9	11,4	1361	4,03	(£)
83	642	336	46	382	4494	13,3	173,1	4271	609	164,6	11,7	1550	3,85	£
85	635	366	58	424	4833	13,2	193,3	4125	655	166,1	11,3	1386	4,00	£
84	605	329	53	382	4726	14,3	189,9	4490	670	175,2	12,3	1826	4,01	(£)
83	610	280	74	354	3942	14,1	145,5	4051	664	150,0	11,1	1997	3,69	£
80	605	295	41	336	4841	16,4	177,2	5256	868	192,4	14,4	1655	3,66	(£)
78	608	266	52	318	3627	13,6	139,7	4161	682	160,2	11,4	1567	3,85	£
94	765	313	45	358	3964	12,6	146,8	4015	526	149,7	11,0	1678	3,70	£

Canton Syndicat	Propriétaire	Nom de la vache	N° à la corne	Marque métallique N° et inscription	Année de naissance	Nombre de vêlages
Canton de Berne						
Synd. de Sumiswald	Held Alfred	Oper	1085	—	1922	2
»	»	Ora	1087	—	1922	3
»	»	Otter	1088	—	1922	3
»	»	Polka	1209	—	1923	2
»	»	Oder	1210	—	1922	3
Synd. d'Uetendorf	Lüthi Chr.	Gölde II	355	—	1918	6
»	»	Gölde I	356	—	1919	5
»	Lüthi Gottl.	Bethli	436	—	1920	4
»	»	Nägeli	439	—	1920	3
»	Messerli Otto	Dora	450	—	1922	3
»	Lüthi Gottl.	Stern	463	—	1921	3
»	»	Gölde	464	—	1921	2
»	»	Junker	466	—	1922	3
»	»	Küng	496	—	1923	2
»	»	Schwalbe	499	—	1923	2
»	Messerli Ad.	Baron	504	—	1922	2
»	Bühlmann frères	Berge	566	—	1925	1
Synd. d'Uettligen	Iseli Hans	Tulipa	497	—	1919	5
»	Stämpfli Hermann	Berge	524	—	1922	3
»	Schori Hans	Erika	534	—	1924	1
Synd. de Weissenbach	Müller frères	Falk	421	—	1914	9
i. S.	Seewer Rob.	Kaiser	467	—	1916	7
»	Zeller Arthur	Berna[2])	525	—	1919	6
»	Müller frères et sœurs	Lerch	532	—	1918	7
»	Zeller Arthur	Freude[2])	579	—	1920	4
»	Seewer Robert	Graf	581	—	1921	3
»	Müller frères et sœurs	Hirsch	587	—	1920	5
»	Müller Oswald	Schwalbe	591	—	1921	4
»	Müller Jakob	Luste	612	—	1921	4
»	Seewer Robert	Jümpferli	615	—	1922	4
»	Zeller veuve	Luste	617	—	1921	4
»	Zeller Hans	Baron	648	—	1922	3
»	Müller Oswald	Veiel	657	—	1923	3
»	Zeller Arthur	Hanna[2])	672	69 Diemt.IV	1923	2
»	Müller frères	Strauss	680	—	1923	2
»	Zeller Jakob	Regina	688	25 Reichenb.	1924	2
Synd. de Wimmis	Iseli Jakob	Fleck[2])	1117	—	1918	6
»	Kammer Fritz	Schöneli[2])	1208	—	1919	5
»	Itten Hans	Schwalbe[1])	1308	—	1921	3
»	»	Feder[1])	1351	—	1922	2
»	»	Berna	1353	—	1922	2
»	Kammer Fritz	Migge[2])	1408	—	1922	2
»	Iseli frères	Baron[2])	1489	—	1924	1
»	Iseli Jakob	Rosa VII[2])	1500	—	1923	2
»	Josi frères	Berna[2])	1506	38 Wimmis	1923	2
»	»	Husar[2])	1523	274 Wimmis	1925	2
»	»	Velma[2])	1524	254 Wimmis	1924	1
»	Itten Hans	Flamme[1])	1536	235 Wimmis	1924	1
»	Iseli frères	Stolz IV[2])	1541	159 Wimmis	1924	1
»	»	Stolz V[2])	1542	158 Wimmis	1924	1
»	»	Velma I[2])	1543	94 Wimmis	1924	1
Synd. de Wohlen	Stämpfli Alex.	Berga	466	—	1919	5
»	Baumann A.	Mai	537	—	1921	4
»	Tschannen Emil	Kleeb	572	—	1922	3

Nombre de points	Poids vif moyen	Nombre de jours de lactation	Nombre de jours de tarissement	Nombre de jours entre les vêlages	Rendement par période de lactation — Lait Total	Rendement par période de lactation — Lait par jour	Rendement par période de lactation — Graisse Total	Rendement calculé sur 365 jours — Lait Total	Rendement calculé sur 365 jours — Lait par 100 kg. de poids vif	Rendement calculé sur 365 jours — Graisse Total	Rendement de lait par jour de l'intervalle des vêlages	Rendement de lait pendant les 100 premiers jours	Teneur moyenne en graisse	Marque de bonne laitière
	kg				kg	kg	kg	kg	kg	kg	kg	kg	%	
93	730	331	42	373	4063	12,2	173,6	3942	540	169,7	10,8	2113	4,27	Ⓛ
92	800	306	20	326	4081	13,4	158,5	4563	557	169,7	12,5	1674	3,88	Ⓛ
87	690	292	49	341	4337	14,8	170,4	4639	672	182,5	12,7	1863	3,93	Ⓛ
92	650	292	50	342	4044	13,8	152,3	4307	662	162,4	11,8	1670	3,76	L
92	740	280	53	333	3802	13,5	132,4	3833	517	136,9	10,5	1464	3,48	L
83	699	381	81	462	7243	17,4	284,5	5694	765	182,1	15,6	2484	3,85	Ⓛ
88	—	340	44	384	6323	18,6	252,1	6023	—	175,2	16,5	2456	4,00	Ⓛ
83	670	258	81	339	3617	14,0	132,0	3905	582	141,9	10,7	1757	3,65	L
83	652	357	66	423	4765	13,3	169,7	4088	567	146,4	11,2	1796	3,56	L
86	689	339	51	399	4726	13,9	174,2	4417	641	162,8	12,1	2169	3,68	L
88	832	374	67	441	5469	14,6	204,0	4526	546	168,6	12,4	1900	3,73	Ⓛ
83	643	343	49	392	5319	15,5	202,4	4928	710	187,9	13,5	2043	3,70	Ⓛ
86	817	372	68	440	6309	16,9	253,2	5220	616	210,2	14,3	2091	4,01	Ⓛ
83	—	365	63	428	4754	13,0	220,5	4052	—	143,1	11,1	1678	4,63	Ⓛ
88	—	349	62	411	3805	10,7	165,2	3358	—	146,4	9,2	1474	4,34	L
84	600	399	68	467	5513	13,9	194,5	4344	650	151,8	11,9	2087	3,53	L
87	613	310	52	362	3444	11,1	139,5	3468	502	140,9	9,5	1254	4,04	L
82	720	349	49	398	4969	14,2	177,3	4526	628	162,4	12,4	1645	3,56	Ⓛ
85	790	358	52	410	6079	15,1	275,1	5402	683	191,6	14,8	2220	4,53	Ⓛ
84	700	416	50	466	4767	11,4	200,5	3723	505	156,9	10,2	1529	4,20	L
88	661	347	61	408	5099	14,6	206,1	4526	680	183,9	12,4	1583	4,04	Ⓛ
88	605	346	55	401	5123	14,6	232,3	4636	766	210,6	12,7	1750	4,53	Ⓛ
90	643	327	56	383	4213	12,8	170,5	4015	624	162,4	11,0	1539	4,04	Ⓛ
89	715	317	20	337	4349	13,7	206,8	4635	611	223,7	12,7	1590	4,75	Ⓛ
91	704	306	64	370	3999	13,0	194,7	3869	549	192,0	10,6	1453	4,87	Ⓛ
91	657	365	56	421	4943	13,5	227,1	4271	650	147,1	11,7	1722	4,59	Ⓛ
91	733	368	20	388	4912	13,3	210,5	4563	622	197,8	12,5	1581	4,27	Ⓛ
87	696	302	50	352	3700	12,2	161,9	3833	550	167,5	10,5	1343	4,37	Ⓛ
85	615	429	61	490	5583	13,0	258,9	4125	670	193,1	11,3	1500	4,63	Ⓛ
89	714	298	49	347	4603	15,4	202,4	4745	664	212,6	13,0	1736	4,39	Ⓛ
87	—	284	79	363	3588	12,6	156,2	3613	—	156,9	9,9	1629	4,35	L
90	686	313	47	360	3427	10,7	150,7	3468	505	152,6	9,5	1392	4,39	L
84	676	305	52	357	3679	12,1	157,2	3760	556	160,6	10,3	1241	4,27	L
84	640	282	69	351	3377	11,9	152,7	3504	547	158,0	9,6	1425	4,52	Ⓛ
84	609	293	65	358	4318	14,7	157,4	4417	731	160,2	12,1	1496	3,64	L
89	626	293	54	347	3726	12,7	152,6	3869	618	160,2	10,6	1440	4,09	L
92	—	309	52	361	4875	15,7	173,2	4928	—	168,5	13,5	1488	3,55	Ⓛ
92	—	334	39	373	6651	19,9	264,3	6497	—	259,2	17,8	2455	3,93	Ⓛ
85	—	344	67	411	4788	13,9	171,3	4200	—	151,8	11,5	1386	3,57	Ⓛ
91	—	371	56	427	5115	13,8	213,9	4344	—	182,5	11,9	1596	4,18	Ⓛ
90	—	358	210	568	5516	15,4	264,7	3541	—	142,7	9,7	2179	4,72	Ⓛ
89	—	339	55	394	5524	16,3	—	5110	—	—	14,0	1969	*	Ⓛ
89	—	336	27	363	4526	13,4	155,1	4526	—	155,0	12,4	1606	3,42	Ⓛ
91	—	324	60	384	5591	15,1	197,2	5293	—	187,2	14,5	1622	3,52	Ⓛ
86,5	—	289	60	349	4325	14,7	155,6	4490	—	162,4	12,3	1515	3,59	Ⓛ
86	—	287	56	343	4495	15,6	159,9	4782	—	169,5	13,1	1685	3,55	Ⓛ
84	—	364	63	427	5049	13,7	222,6	4271	—	189,8	11,7	1378	4,40	Ⓛ
87	—	288	56	344	4023	13,9	134,9	4200	—	142,4	11,5	1362	3,35	Ⓛ
88	—	266	70	336	3509	13,1	128,4	3796	—	132,1	10,4	1512	3,65	L
85	—	282	68	350	3875	13,4	150,9	4015	—	156,6	11,0	1586	3,73	Ⓛ
88	—	360	34	394	4550	12,4	163,5	4198	—	151,1	11,5	1042	3,59	Ⓛ
84	755	305	45	350	5069	16,6	189,3	5256	663	197,1	14,4	1987	3,73	Ⓛ
85	—	303	27	330	4278	14,1	142,3	4636	—	156,9	12,7	2088	3,44	Ⓛ
84	782	305	60	365	5289	17,5	229,6	5289	676	229,6	14,5	1792	4,34	Ⓛ

Canton Syndicat	Propriétaire	Nom de la vache	N° à la corne	Marque métallique N° et inscription	Année de naissance	Nombre de vêlages
Canton de Berne						
Syndicat de Wohlen	Minder Hans	Bär	596	—	1922	3
»	Zingg Witwe	Berna	604	—	1922	3
»	Stämpfli Alex.	Kamilla	673	150 Luterb.	1925	2
Syndicat de Worb	Bernhard Fritz	Grimsel	1003	—	1919	5
»	Bernhard Gottfr.	Meise	1089	—	1920	4
»	Bernhard Ernst	Krone	1097	—	1920	5
»	Bernhard Gottfr.	Möve	1121	—	1922	2
»	Hirsbrunner Gottl.	Kroni	1222	50 Worb	1924	2
»	Bernhard Ernst	Saane	1230	—	1923	2
»	Bernhard Fritz	Aare	1237	45 Worb	1924	3
»	Hauser Alb.	Rosa	1240	59 Worb	1924	1
»	Bernhard Fritz	Flora	1340	—	1923	3
Synd.deZimmerwald	Asile Kühlewil	Lusti I	1229	—	1918	6
»	Tschirren Hans	Blum	1381	—	1920	4
»	Asile Kühlewil	Agnes	1422	—	1921	3
»	»	Netty	1425	—	1921	3
»	Guggisberg Ernst	Freude	1491	—	1921	3
»	Asile Kühlewil	Taube	1550	—	1922	3
»	»	Vreni	1552	—	1922	3
»	»	Negerin	1553	—	1922	2
»	Guggisberg Ernst	Hase	1578	—	1922	3
»	Tschirren Hans	Berna	1629	41 Zimmerw.	1923	2
»	Asile Kühlewil	Luste II	1640	—	1923	2
»	»	Adele	1645	—	1923	2
»	»	Vion	1648	66 Zimmerw.	1924	2
»	Guggisberg Ernst	Bethli	1662	84 Zimmerw.	1924	1
Synd.deZweisimmen II	Abbühl Chr.	Bertha[2])	9	—	1916	8
»	»	Migga[2])	13	—	1918	7
»	»	Küng[2])	48	—	1921	4
»	Bächler Samuel	Freude[2])	56	—	1918	4
»	Sulliger Gottfr.	Leni[1])	71	—	1920	3
»	Bächler Samuel	Berna[2])	91	51 Zweisim.	1923	2
»	Poschung Alfred	Golde[1])	89	—	1923	3
»	Perren Gottfr.	Freude[2])	137	—	1920	5
Canton de Fribourg						
Syndicat d'Alterswil	Zurkinden Jos.	Rifa	1094	—	1922	3
»	»	Herka	1122	—	1921	2
Snd. d'Avry s. Matran	de Reynold Jean	Coucou	194	22944 Frib.	1921	4
»	»	Coquine	199	23942 Frib.	1921	3
»	»	Balisa	201	24623 Frib.	1922	4
»	»	Berceuse	202	25123 Frib.	1922	2
»	Stauffer frères	Lousti	264	—	1921	4
»	»	Canari	275	—	1920	4
»	»	Blum	283	—	1921	4
»	»	Berna	288	—	1921	4
»	»	Strauss	291	—	1919	5
»	»	Meiel	332	—	1921	4
»	»	Lerch II	397	—	1924	2
»	de Reynold Jean	Berna	403	—	1921	4
Synd. de Bellechasse	Pénitencier Bellechasse	Fleurette	141	—	1918	5
»	»	Admirée	179	—	1921	5
»	»	Bourgeoise	190	23058 Frib.	1923	3
»	»	Bibi	192	23060 Frib.	1921	4

Nombre de points	Poids vif moyen	Nombre de jours: de lactation	de tarissement	entre les vêlages	Rendement par période de lactation: Lait Total	Lait par jour	Graisse Total	Rendement calculé sur 365 jours: Lait Total	Lait par 100 kg. de poids vif	Graisse Total	Rendement de lait: par jour de l'intervalle des vêlages	pendant les 100 premiers jours	Teneur moyenne en graisse	Marque de bonne laitière
	kg				kg	kg	kg	kg	kg	kg	kg	kg	%	
86	—	333	52	385	5213	15,6	204,2	4928	—	193,5	13,5	1793	3,73	(𝔏)
83	—	302	54	356	5169	17,1	197,2	5293	—	201,8	14,5	1826	3,72	(𝔏)
86	665	327	66	393	4358	13,3	155,6	4015	603	145,3	11,0	1647	3,58	𝔏
83	604	386	46	432	4429	11,4	187,3	3723	616	158,0	10,2	1311	4,22	𝔏
87	730	293	52	345	3874	13,2	157,1	4088	560	166,0	11,2	1608	4,05	𝔏
80	—	366	44	410	4368	11,9	180,9	3833	—	160,6	10,5	1522	4,13	𝔏
87	650	394	89	483	4117	10,4	199,1	3106	478	150,3	8,5	1378	4,83	𝔏
88	750	348	61	409	4380	12,5	146,0	3833	511	129,6	10,5	1838	3,33	𝔏
80	610	300	54	354	3688	12,3	145,0	3796	623	149,2	10,4	1476	3,93	𝔏
83	621	303	58	361	4148	13,6	172,4	4198	669	174,1	11,5	1473	4,15	(𝔏)
84	702	352	45	397	4764	13,5	170,5	4380	662	156,6	12,0	1939	3,58	𝔏
82	560	299	51	350	3597	12,0	139,2	3748	670	144,9	10,2	1701	3,87	𝔏
85	—	271	56	327	4643	17,1	153,5	5147	—	171,2	14,1	2247	3,30	(𝔏)
90	—	297	63	360	4600	15,5	193,6	4661	—	196,3	12,8	2008	4,20	(𝔏)
86	—	302	44	346	5490	18,0	231,9	5767	—	244,5	15,8	2158	4,21	(𝔏)
85	—	305	45	350	4931	16,1	195,2	5110	—	203,3	14,0	1900	3,96	(𝔏)
84	—	279	50	329	4717	16,9	188,3	5220	—	206,2	14,3	2355	3,99	(𝔏)
86	—	303	74	377	4057	13,3	165,5	3906	—	159,9	10,7	1965	4,07	𝔏
88	—	330	47	377	4817	14,6	165,4	4709	—	160,2	12,9	1936	3,43	(𝔏)
88	—	362	27	389	4804	13,2	193,0	4490	—	175,2	12,3	1776	4,13	(𝔏)
86	—	306	66	372	4338	14,1	202,9	4234	—	198,9	11,6	1473	4,54	(𝔏)
85	—	320	44	364	4839	15,1	163,2	4854	—	163,6	13,3	1658	3,37	(𝔏)
86	—	335	44	379	4660	13,7	216,3	4490	—	208,0	12,3	1570	4,52	(𝔏)
85	—	293	60	353	3887	13,3	144,3	4015	—	148,9	11,0	1811	3,71	𝔏
84	—	308	51	359	4477	14,5	159,0	4526	—	161,3	12,4	1731	3,55	(𝔏)
87	—	320	28	348	3847	12,0	153,9	4015	—	160,6	11,0	1290	4,00	𝔏
90	640	332	64	396	5365	14,1	202,6	4928	—	186,5	13,5	1875	3,60	(𝔏)
88	580	301	61	362	4679	15,5	180,4	4626	—	181,7	12,7	1776	3,74	(𝔏)
89	627	315	62	377	5029	15,9	210,6	4855	—	202,9	13,3	1747	4,17	(𝔏)
96	785	321	77	398	4880	15,2	204,3	4453	—	186,5	12,2	1689	4,17	(𝔏)
92	587	297	63	360	4666	15,7	190,6	4708	—	192,9	12,9	1916	4,07	(𝔏)
88	674	337	28	365	4933	14,6	186,2	4928	677	186,2	13,5	1515	3,77	(𝔏)
89	640	328	114	442	4264	12,9	161,6	3541	548	128,8	9,7	1576	3,77	𝔏
85	640	294	64	358	4505	15,0	237,2	4563	657	169,7	12,5	1590	5,25	(𝔏)
78	—	358	42	400	5793	16,2	222,7	5220	—	148,2	14,3	1843	3,77	(𝔏)
92	—	292	59	351	4412	15,1	163,6	4563	—	170,0	12,5	1761	3,70	(𝔏)
86	700	295	66	361	5232	17,4	243,6	5256	737	175,2	14,4	2102	4,65	(𝔏)
88	720	392	56	448	5303	13,5	249,9	4307	592	193,8	11,8	1752	4,68	(𝔏)
90	705	308	22	330	5095	16,5	195,5	5621	713	144,5	15,4	1924	3,83	(𝔏)
87	700	272	57	329	3794	13,9	131,7	4198	599	146,7	11,5	1884	3,47	𝔏
86	720	262	91	353	5502	21,0	279,2	5694	790	185,1	15,6	2339	5,08	(𝔏)
83	680	537	56	593	8474	15,7	299,6	4928	672	159,1	13,5	2402	3,55	(𝔏)
81	660	304	67	371	5198	17,1	184,0	5110	772	119,0	14,0	2133	3,54	(𝔏)
78	610	334	65	399	6081	16,2	210,9	5548	851	193,1	15,2	1914	3,54	(𝔏)
85	720	326	61	387	5402	18,6	224,3	5074	665	211,3	13,9	2528	4,18	(𝔏)
80	685	402	53	455	5823	14,4	215,3	4672	634	172,6	12,8	2102	3,69	(𝔏)
81	—	379	98	477	5787	15,2	235,7	4427	—	180,3	12,1	1915	4,07	(𝔏)
80	740	312	68	380	4950	15,8	179,3	4745	641	172,3	13,0	2111	3,61	(𝔏)
81	746	317	43	360	4582	14,4	163,3	4636	620	165,7	12,7	1700	3,56	(𝔏)
89	719	303	56	359	4371	14,4	146,8	4417	614	148,9	12,1	1964	3,35	𝔏
78	687	321	77	398	4854	15,1	193,7	4417	643	177,4	12,1	1864	3,99	(𝔏)
87	698	324	86	410	4324	13,3	175,4	3906	560	154,4	10,7	1698	4,05	𝔏

Canton Syndicat	Propriétaire	Nom de la vache	N° à la corne	Marque métallique N° et inscription	Année de naissance	Nombre de vêlages
Canton de Fribourg						
Synd. de Bellechasse	Pénitencier Bellechasse	Bellina	193	—	1921	5
»	»	Brindille	195	—	1922	4
»	»	Bonbonne	199	—	1922	3
»	»	Bonaventure	201	—	1922	3
»	»	Bravache	204	—	1921	3
»	»	Balance	213	—	1922	4
»	»	Cérès	219	—	1921	4
»	»	Corneille	220	25310 Frib.	1922	3
»	»	Bergerette	229	—	1922	2
»	»	Delle	272	—	1924	2
Syndicat de Belfaux	Zahnd Ernest	Fürst	1080	—	1919	4
»	»	Jümpferli	1122	—	1920	3
»	»	Kander	1124	—	1921	3
»	»	Bärgi	1172	28544 Frib.	1923	1
»	»	Vogel	1173	—	1923	3
»	Tinguely Jos.	Lerch	1245	—	1920	4
»	Bapst Alex.	Fleuri	1253	—	1922	1
»	»	Pecogi	1258	—	1923	1
»	Blaser Otto	Prinz	1301	—	1923	2
Syndicat de Bulle	Stocker A.	Graf	1058	—	1919	6
»	Ruffieux Louis	Chamois	1233	—	1919	4
»	»	Déroute	1236	—	1920	5
»	»	Sibelle	1338	—	1920	5
»	»	Désirée	1344	—	1920	4
»	Stocker A.	Adler	1379	—	1920	5
»	Ruffieux Louis	Pervenche	1492	—	1922	4
»	»	Frida	1551	—	1922	4
»	»	Véra	1630	—	1922	4
»	»	Berline	1636	—	1922	2
Synd. de Châtelard	Rey Auguste	Cocarde	387	—	1921	4
»	»	Fleurette	490	—	1922	3
»	Oberson Jos.	Blondine	530	—	1922	2
»	Chofflon Emile	Pigeon	579	—	1922	3
»	Jaquet Alois	Charmante	585	—	1922	1
»	»	Moustache	586	—	1922	2
Syndicat de Guin	Rossier frères	Joyeuse	1383	—	1916	7
»	»	Pommetta	1475	—	1918	6
»	Brügger Alfons	Amoureuse	1649	—	1919	5
»	Michel Fritz	Dachs	1797	—	1917	6
»	Rossier frères	Réveil	1817	—	1920	2
»	»	Bergère	1822	—	1922	3
»	Brügger Alfons	Dora	1849	—	1919	3
»	Glauser G.	Mina	1975	—	1923	2
»	Rossier frères	Mignonne	2025	—	1923	3
»	Roggo Jakob	Selekta	2050	—	1923	1
»	»	Modesta	2052	—	1923	1
»	Schwaller W.	Eiger	2097	28172 Frib.	1923	2
»	»	Elga	2098	—	1923	2
»	»	Erlach	2100	28170 Frib.	1923	2
»	»	Erna	2101	29125 Frib.	1923	2
»	Rossier frères	Typesse	2132	30297 Frib.	1924	1
Synd. de Fribourg	Blaser Chr.	Helene	1094	18510 Frib.	1919	4
»	»	Canarie	1229	22060 Frib.	1920	4
Synd.deGrangeneuve	Ecole d'agriculture	Botsarde	375	21564 Frib.	1920	4

Nombre de points	Poids vif moyen	Nombre de jours de lactation	Nombre de jours de tarissement	Nombre de jours entre les vêlages	Rendement par période de lactation — Lait Total	Rendement par période de lactation — Lait par jour	Rendement par période de lactation — Graisse Total	Rendement calculé sur 365 jours — Lait Total	Rendement calculé sur 365 jours — Lait par 100 kg. de poids vif	Rendement calculé sur 365 jours — Graisse Total	Rendement de lait par jour de l'intervalle des vêlages	Rendement de lait pendant les 100 premiers jours	Teneur moyenne en graisse	Marque de bonne laitière
	kg				kg	kg	kg	kg	kg	kg	kg	kg	%	
84	683	315	85	400	4226	13,4	152,5	3869	566	139,0	10,6	1570	3,60	£
86	—	268	60	328	3790	14,1	—	4198	—	—	11,5	1767	*	£
79	689	292	65	357	4452	15,2	170,5	4526	611	174,1	12,4	1849	3,82	(£)
78	676	344	52	396	5572	16,2	—	5110	741	—	14,0	1820	*	(£)
75	727	415	89	504	5327	12,7	—	3833	802	—	10,5	1586	*	£
89	696	354	84	438	4222	11,9	176,4	3504	505	146,7	9,6	1708	4,17	£
87	682	309	59	368	4951	16,0	167,5	4891	670	166,1	13,4	2266	3,38	(£)
79	691	285	81	366	5296	18,2	194,1	5292	766	193,5	14,5	1943	3,66	(£)
74	674	329	92	421	4629	14,0	190,2	3979	590	169,7	10,9	2019	4,10	£
83	639	355	82	437	5051	14,2	188,1	4198	656	157,0	11,5	1552	3,72	£
86	—	322	47	369	4066	12,7	145,5	4015	—	137,6	11,0	1546	3,59	£
83	—	314	52	366	5000	15,9	190,2	4986	—	189,6	13,6	2036	3,80	(£)
85	—	303	73	374	5142	16,9	190,3	5013	—	185,7	13,8	2070	3,70	(£)
88	—	296	54	350	4162	14,0	165,5	4307	—	172,3	11,8	1819	3,95	(£)
81	—	323	50	373	5164	15,9	225,2	5000	—	220,1	13,7	2058	4,36	(£)
78	705	355	56	411	6098	16,1	239,9	5402	726	197,7	14,8	1896	3,93	(£)
88	643	345	99	444	4437	12,8	186,5	3614	562	153,3	9,9	1700	4,20	£
84	661	349	53	402	5201	14,9	201,0	4709	661	182,5	12,9	1814	3,86	(£)
81	583	304	63	367	4281	14,1	155,8	4234	759	154,8	11,6	1637	3,63	£
85	—	364	66	430	7505	20,6	275,4	6369	—	233,6	17,4	2677	3,67	(£)
88	—	332	43	375	6195	18,6	268,6	6029	—	261,3	16,5	1882	4,33	(£)
84	—	431	75	506	8178	19,0	289,3	5898	—	208,4	16,1	2542	3,54	(£)
86	—	332	29	361	7917	23,8	301,7	7993	—	304,7	21,9	2984	3,81	(£)
90	—	368	46	414	6494	17,6	231,5	5723	—	204,0	15,6	2054	3,56	(£)
87	—	330	19	349	6297	19,1	240,0	6570	—	250,7	18,0	2495	3,81	(£)
89	—	348	35	383	6356	18,2	248,6	6059	—	236,9	16,6	2028	3,91	(£)
83	—	334	42	376	5477	17,0	183,8	5293	—	172,3	14,5	1941	3,35	(£)
90	—	361	40	401	7094	19,6	296,8	6424	—	270,1	17,6	2261	4,18	(£)
76	—	416	65	481	8054	19,3	359,7	6099	—	273,0	16,7	1824	4,46	(£)
78	600	298	42	340	5325	17,8	221,9	5694	856	237,3	15,6	1717	4,15	(£)
81	630	318	28	346	6097	19,1	257,4	6424	1020	201,1	17,6	2059	4,22	(£)
76	640	423	71	494	6677	15,7	237,5	4928	713	175,6	13,5	1650	3,55	(£)
81	655	299	72	371	4641	15,5	177,9	4563	697	168,6	12,5	1288	3,77	(£)
82	637	324	47	371	5655	17,4	272,9	5548	870	268 3	15,2	2188	4,04	(£)
83	667	371	39	410	7050	19,0	275,9	6242	940	244,9	17,1	2179	3,91	(£)
79	650	339	56	395	5682	16,7	—	5250	807	—	14,4	1810	*	(£)
88	680	290	51	341	4276	14,7	144,9	4563	667	154,8	12,5	1510	3,37	(£)
87	740	287	85	372	4555	15,8	173,5	4453	601	170,0	12,2	1786	3,80	(£)
88	730	336	65	401	4566	13,5	159,6	4125	565	145,3	11,3	1772	3,49	£
84	700	349	48	397	5484	15,7	203,1	5037	719	186,5	13,8	1798	3,70	(£)
85	650	372	53	425	5501	14,8	195,7	4671	664	169,7	12,9	1830	3,55	(£)
84	690	255	63	318	4234	16,6	192,2	4850	702	220,5	13,3	1859	4,53	(£)
78	650	356	82	438	4756	13,3	184,3	3906	600	153,3	10,7	1687	3,87	£
88	650	284	52	336	4736	16,6	198,8	5146	790	215,7	14,1	1725	4,20	(£)
85	—	257	73	330	3871	15,0	—	4271	—	—	11,7	1704	*	£
85	—	250	73	323	3742	14,9	145,8	4198	—	164,6	11,5	1723	3,89	£
86	650	287	42	329	4474	15,5	159,8	4927	706	169,7	13,5	1657	3,57	(£)
82	600	301	47	348	3869	12,6	—	4052	651	—	11,1	1588	*	£
84	600	291	44	335	4440	15,2	—	4745	725	—	13,0	1626	*	(£)
87	625	328	49	377	3974	12,1	—	3833	613	—	10,5	1514	*	£
90	750	342	50	392	4900	14,3	189,9	4490	599	176,7	12,3	1735	3,78	(£)
85	—	368	65	433	6804	17,9	306,0	5731	—	257,2	15,7	2232	4,54	(£)
85	—	348	54	402	5027	14,4	205,0	4563	—	186,8	12,5	1952	4,07	(£)
87	—	358	55	413	4831	13,5	—	4269	—	—	11,7	1879	*	£

Canton Syndicat	Propriétaire	Nom de la vache	N° à la corne	Marque métallique N° et inscription	Année de naissance	Nombre de vêlages
Canton de Fribourg						
Syndicat de Gruyères	Murith Joseph, fils	Grua	361	12497 Frib.	1915	9
»	Gillard Ad.	Marquise	560	—	1920	4
»	»	Chintion	561	—	1917	7
»	Murith Gustave	Charmante	578	26328 Frib.	1922	3
»	Murith Placide	Bergère	628	27276 Frib.	1923	2
Synd. de Heitenried	Portmann Joh.	Blösch	1079	18875 Frib.	1919	5
»	Aebischer Fam.	Flora	1094	—	1918	5
»	Portmann Joh.	Pfau	1366	—	1923	2
»	Buchs Emil	Kroni	1380	26799 Frib.	1923	3
»	Vögeli Fam.	Fürst II	1437	30205 Frib.	1924	2
»	Portmann Joh.	Fink	1440	—	1922	1
»	Fasel Isidor	Blösch	1455	—	1924	1
»	Oesch Jakob	Golda	1519	26763 Frib.	1919	3
»	Mathys Emil	Berna	1596	26259 Frib.	1922	2
Syndicat de Marly	Cochard Jules	Rieuse	790	—	1919	6
»	»	Braqui	795	—	1919	6
»	de Boccard R.	Pommettaz	895	—	1922	4
»	Cochard Jules	Marquise	994	27145 Frib.	1923	3
»	»	Nicolette	996	28559 Frib.	1923	2
»	»	Pommettaz	999	29398 Frib.	1924	2
Synd. de Montagny	Joye Eugène	Blanc	1017	—	1918	4
»	Francey Pierre	Ruban	1091	—	1919	5
»	Dougoud Charles	Genève	1109	—	1920	5
»	Hämmerli Gottfr.	Waldi	1165	23115 Frib.	1921	3
»	Dougoud Charles	Grahiazy	1174	24503 Frib.	1922	3
»	»	Charmante	1175	—	1922	3
»	Francey Victor	Bergère	1196	—	1922	3
»	Rossier Adrien	Cerise	1205	—	1922	4
»	Bugnon Rosine	Muguette	1207	—	1921	4
»	Ducotterd Louis	Jägel	1230	—	1920	4
»	»	Pivoine	1231	15269 Frib.	1917	3
»	»	Linette	1235	—	1921	3
»	Dougoud Charles	Colombe	1250	—	1920	2
»	»	Alma	1259	—	1923	2
»	Hämmerli Gottfr.	Gemse	1262	—	1921	3
»	Bugnon Rosine	Fleurette	1275	29926 Frib.	1924	2
»	Ducotterd Louis	Reine	1276	—	1923	2
»	»	Comtesse	1277	—	1924	2
»	Michel Louis	Fleurette	1296	28135 Frib.	1923	2
»	Joye Eugène	Aurore	1298	29214 Frib.	1923	2
»	Dougoud Charles	Alouette	1303	29753 Frib.	1924	2
»	Francey Victor	Bologne	1327	—	1922	2
»	Francey Oscar	Nana	1361	32709 Frib.	1925	1
»	Stern Arthur	Pallota	1376	—	1924	2
Syndicat de Morat	Bächler Hans	Schimmeli	908	17084 Frib.	1918	5
»	Leicht Jakob	Wachtel	943	20977 Frib.	1920	6
»	Stoll Fritz	Adler	991	18088 Frib.	1918	4
»	Asile Jeuss	Gemse II	1008	—	1922	3
»	Stoll Walter	Adler	1026	—	1919	4
»	»	Spiegel	1027	—	1921	3
»	Leicht Jakob	Berna	1037	—	1918	4
»	»	Schägg	1038	—	1921	3
»	Stoll Walter	Fleurette	1056	—	1922	3
»	Bächler Hans	Vreni	1060	—	1921	4

Nombre de points	Poids vif moyen	Nombre de jours de lactation	Nombre de jours de tarissement	Nombre de jours entre les vêlages	Rendement par période de lactation — Lait Total	Rendement par période de lactation — Lait par jour	Rendement par période de lactation — Graisse Total	Rendement calculé sur 365 jours — Lait Total	Rendement calculé sur 365 jours — Lait par 100 kg. de poids vif	Rendement calculé sur 365 jours — Graisse Total	Rendement de lait par jour de l'intervalle des vêlages	Rendement de lait pendant les 100 premiers jours	Teneur moyenne en graisse	Marque de bonne laitière
	kg				kg	kg	kg	kg	kg	kg	kg	kg	%	
78	620	356	78	434	5051	14,2	201,3	4248	685	169,3	11,6	1612	3,99	(𝔏)
86	738	278	77	355	4006	14,4	158,0	4017	545	162,3	11,2	1769	3,94	𝔏
88	662	366	63	429	6297	17,2	292,2	5354	808	248,5	14,6	1952	4,62	(𝔏)
87	730	371	73	444	5158	13,9	188,4	4234	543	154,8	11,6	1790	3,65	𝔏
84	700	369	105	474	5210	14,1	172,5	4015	574	132,8	11,0	1783	3,31	𝔏
85	—	346	8	354	4982	14,3	188,3	5110	—	194,2	14,0	1804	3,77	(𝔏)
84	680	290	82	372	4979	17,2	166,1	4891	672	163,2	13,4	2149	3,34	(𝔏)
80	660	294	70	364	4531	15,4	169,7	4562	690	169,8	12,5	1981	3,74	(𝔏)
83	—	295	48	343	4047	13,7	150,2	4307	—	159,4	11,8	1731	3,71	𝔏
80	650	344	51	405	4170	12,1	170,0	3723	519	152,9	10,2	1350	4,09	𝔏
80	—	293	52	345	3983	13,6	154,7	4198	—	163,5	11,5	1850	3,88	𝔏
81	—	326	50	376	4765	14,6	188,5	4599	—	122,3	12,6	1632	3,97	(𝔏)
81	720	340	52	392	5480	14,1	186,3	5074	627	167,5	13,9	1901	3,40	(𝔏)
78	—	322	60	382	4760	14,7	196,7	4526	—	188,0	12,4	1756	4,13	(𝔏)
93	780	302	55	357	4343	14,3	150,2	4417	562	153,3	12,1	1741	3,42	𝔏
84	725	384	59	443	6435	16,8	262,6	5300	730	216,8	14,5	2207	4,08	(𝔏)
81	670	313	55	368	4750	15,1	149,7	4709	700	148,2	12,9	1696	3,16	(𝔏)
86	740	291	66	357	4257	14,6	161,4	4352	588	165,0	11,9	1744	3,79	𝔏
86	710	295	65	360	4085	13,9	171,7	4125	580	178,9	11,3	1589	4,20	(𝔏)
80	690	330	55	385	4634	14,0	190,4	4380	633	180,3	12,0	1632	4,10	(𝔏)
73	553	396	68	464	5708	14,4	243,5	4490	730	149,3	12,3	1966	4,28	(𝔏)
85	615	280	48	328	4007	14,3	189,4	4453	724	202,9	12,2	1661	4,56	(𝔏)
78	644	362	56	418	4701	12,9	163,2	4125	576	133,6	11,3	1433	3,47	𝔏
76	575	339	42	381	4873	14,3	178,9	4599	725	165,3	12,6	1677	3,66	(𝔏)
74	565	371	68	439	4868	13,1	182,9	4052	640	151,5	11,1	1486	3,76	𝔏
78	560	340	30	370	4379	12,8	154,1	4307	690	151,5	11,8	1464	3,29	𝔏
84	570	290	52	342	3924	13,5	153,5	4161	730	157,7	11,4	1518	3,75	𝔏
75	—	274	47	321	4499	16,4	162,3	5110	—	184,5	14,0	1600	3,60	(𝔏)
83	742	348	58	406	4945	14,2	207,8	4417	559	186,9	12,1	1618	4,20	(𝔏)
73	548	325	41	366	4581	14,0	162,6	4563	750	162,1	12,5	1785	3,54	(𝔏)
75	674	296	39	335	4505	15,2	180,4	4891	677	195,6	13,4	1631	4,00	(𝔏)
78	600	360	40	400	5507	15,3	219,7	4964	760	200,4	13,6	1766	3,99	(𝔏)
74	608	332	42	374	4996	15,0	231,5	4855	733	226,3	13,3	2102	4,53	(𝔏)
75	635	370	48	418	4661	12,6	159,4	4052	638	139,0	11,1	1481	3,43	𝔏
84	619	437	69	506	5856	13,4	226,5	4198	616	162,8	11,5	1674	3,90	𝔏
75	562	377	60	437	6075	16,1	255,6	5074	824	166,4	13,9	1822	4,20	(𝔏)
85	654	315	44	359	4098	13,1	159,5	4161	637	162,1	11,4	1496	3,74	𝔏
78	639	335	36	371	4286	12,8	177,4	4198	657	168,2	11,5	1482	4,13	(𝔏)
84	720	269	55	324	3541	13,2	149,5	3980	565	167,9	10,9	1333	4,22	(𝔏)
88	648	305	65	370	4569	14,7	214,9	4490	695	205,5	12,3	1557	4,57	(𝔏)
76	527	257	61	318	3325	12,9	144,6	3796	720	165,7	10,4	1476	4,34	𝔏
83	551	341	74	415	5094	14,9	216,5	4490	734	190,2	12,3	1575	4,25	(𝔏)
76	520	326	48	374	4096	12,5	169,8	3979	666	165,7	10,9	1399	4,14	𝔏
80	—	305	82	387	4237	13,6	164,4	3942	—	154,8	10,8	1710	3,74	𝔏
78	628	523	64	587	6817	13,0	277,5	4234	674	172,3	11,6	1586	4,07	(𝔏)
85	697	543	54	597	6706	12,4	258,0	4088	582	157,7	11,2	1564	3,84	𝔏
82	697	327	44	371	3914	11,9	166,2	3833	548	166,2	10,5	1767	4,24	𝔏
79	683	292	7	299	3245	11,1	126,5	3942	577	126,5	10,8	1400	3,68	𝔏
82	648	444	29	473	6218	14,0	266,0	4782	678	164,3	13,1	1997	4,27	(𝔏)
78	707	394	45	439	5552	14,0	238,8	4636	662	198,6	12,7	1983	4,30	(𝔏)
85	765	383	67	450	5856	15,2	206,1	4745	620	167,2	13,0	2127	3,51	(𝔏)
81	—	326	63	389	4964	13,9	181,3	4636	—	167,9	12,7	1902	3,65	(𝔏)
82	666	343	48	391	6091	17,7	246,7	5694	854	229,9	15,6	1987	4,05	(𝔏)
88	724	392	84	476	5984	15,2	251,3	4599	635	151,8	12,6	1716	4,19	(𝔏)

Canton Syndicat	Propriétaire	Nom de la vache	N° à la corne	Marque métallique N° et inscription	Année de naissance	Nombre ne vêlages
Canton de Fribourg						
Syndicat de Morat	Bächler Hans	Züsi	1063	26140 Frib.	1922	2
»	Stoll Fr.	Bethli	1066	27402 Frib.	1923	2
»	Leicht Jakob	Spiegel	1082	26614 Frib.	1922	2
»	Herren Daniel	Bethli	1083	—	1920	3
»	Leicht Jakob	Prinz	1088	—	1922	3
»	Stoll Fr.	Seide	1156	30644 Frib.	1924	1
Syndicat de Riaz	Fragnière Ernest	Furka	1058	—	1918	6
»	Gremaud Cas.	Bataille	1154	20462 Frib.	1919	6
»	Pugin Pierre	Fauvette	1160	—	1920	5
»	Gremand Arthur	Pervenche	1173	22805 Frib.	1921	3
»	Gremand Cas.	Gazelle	1179	22513 Frib.	1921	4
»	Pugin Olivier	Drapeau	1183	22946 Frib.	1921	5
»	Romanens Ernest	Cerise	1195	—	1920	4
»	Gremaud Cas.	Dora	1216	24073 Frib.	1922	3
»	»	Baronne[2])	1283	27498 Frib.	1923	2
»	Romanens Th.	Pelotte	1308	26042 Frib.	1922	3
»	Savary François	Ruban	1376	—	1921	3
Synd. de Ried, Lac	Gutknecht Gottfr.	Scheck	452	—	1916	6
»	Gutknecht Joh.	Blösch	527	—	1923	2
Synd. de Schmitten	Portmann Ad.	Britania	2588	—	1915	7
»	Krummen Fritz	Gritli	3079	—	1917	4
»	Guillebeau Albin	Ribi	3312	16886 Frib.	1918	6
»	Roggo Peter	Joffrette	3405	—	1919	5
»	Guillebeau Albin	Normandie	3442	—	1919	6
»	»	Luste	3447	20195 Frib.	1919	5
»	Schnyder W.	Nelli	3457	—	1920	5
»	Marbach Fritz	Berna	3524	—	1920	4
»	»	Havanna	3554	23334 Frib.	1921	3
»	Roggo Gebr.	Flora	3572	—	1921	4
»	Roggo Peter	Madeira	3576	—	1921	4
»	Guillebeau Albin	Rundi	3584	—	1920	4
»	Krummen Fritz	Alpina	3630	—	1920	4
»	»	Bella	3633	21717 Frib.	1920	5
»	»	Bertha	3634	21718 Frib.	1920	4
»	Schnyder W.	Mira	3661	22932 Frib.	1921	4
»	»	Käthi	3666	22769 Frib.	1921	4
»	Portmann Ad.	Flori	3742	—	1922	3
»	»	Laura	3745	23195 Frib.	1921	4
»	Guillebeau Albin	Veiel	3755	—	1921	2
»	Roggo Peter	Gräfin	3762	24109 Frib.	1921	3
»	»	Struss	3764	—	1919	3
»	Schnyder R.	Rosetti	3766	32015 Frib.	1921	3
»	»	Georgia	3767	—	1921	2
»	Marbach Fritz	Virgine	3802	27035 Frib.	1922	2
»	Krummen Fritz	Compagnie	3867	24849 Frib.	1922	3
»	»	Donau	3871	27759 Frib.	1923	2
»	Schnyder W.	Vion	3887	23047 Frib.	1921	3
»	Marbach Fritz	Wachtel	3895	27637 Frib.	1923	3
»	»	Germania	3898	—	1924	3
»	Guillebeau Albin	Rosetti	3908	—	1923	1
»	Waeber Jakob	Berna	3924	28337 Frib.	1923	1
»	»	Hulda	3925	28336 Frib.	1923	1
»	Schnyder W.	Therese	3976	24888 Frib.	1922	2
»	»	Mai	3978	27999 Frib.	1923	1

Nombre de points	Poids vif moyen	Nombre de jours: de lactation	Nombre de jours: de tarissement	Nombre de jours: entre les vêlages	Rendement par période de lactation: Lait Total	Rendement par période de lactation: Lait par jour	Rendement par période de lactation: Graisse Total	Rendement calculé sur 365 jours: Lait Total	Rendement calculé sur 365 jours: Lait par 100 kg. de poids vif	Rendement calculé sur 365 jours: Graisse Total	Rendement de lait: par jour de l'intervalle des vêlages	Rendement de lait: pendant les 100 premiers jours	Teneur moyenne en graisse	Marque de bonne laitière
	kg				kg	kg	kg	kg	kg	kg	kg	kg	%	
80	664	385	74	459	4830	12,5	181,9	3833	577	181,9	10,5	1370	3,76	£
80	679	337	59	396	6043	17,9	211,9	5548	766	195,3	15,2	2201	3,50	(£)
83	661	353	55	408	5262	14,7	208,3	4709	712	186,1	12,9	2053	3,95	(£)
80	631	340	91	431	6770	18,0	285,5	5731	908	193,5	15,7	2364	4,22	(£)
85	707	340	57	397	5228	15,3	197,2	4782	635	175,6	13,1	1631	3,77	(£)
85	603	280	59	339	3682	13,1	128,1	3942	655	137,6	10,8	1563	3,47	£
82	610	297	60	357	3901	13,1	145,9	3979	652	148,9	10,9	1579	3,74	£
87	630	337	57	394	5083	15,0	210,2	4709	747	195,9	12,9	1581	4,14	(£)
90	800	319	58	377	5280	16,6	196,8	5113	640	190,5	14,0	1973	3,72	(£)
90	680	313	50	363	5713	16,0	224,8	5731	842	227,4	15,7	2183	3,93	(£)
89	680	382	87	469	6033	15,8	270,9	4693	690	210,6	12,8	1631	4,50	(£)
80	580	293	47	340	4487	15,3	170,6	4818	830	182,8	13,2	1820	3,80	(£)
79	675	314	60	374	4556	14,5	195,2	4417	654	190,0	12,1	1622	4,29	(£)
90	680	336	57	393	4781	14,2	178,5	4417	605	163,5	12,1	1609	3,73	£
91	—	329	76	405	4180	12,7	164,4	3770	—	148,1	10,3	1543	3,93	(£)
89	650	317	31	348	4474	14,0	188,0	4672	664	197,1	12,8	1736	4,20	(£)
90	720	303	71	374	5198	17,0	196,5	5074	704	191,6	13,9	1985	3,61	(£)
87	749	313	57	370	4830	15,4	195,3	4764	634	192,6	13,0	1982	4,04	(£)
82	700	324	20	344	4704	14,5	193,2	4964	664	204,4	13,6	1926	4,10	(£)
85	—	274	102	376	4267	15,5	175,8	4125	—	171,0	11,3	2095	4,11	(£)
86	—	314	54	368	4951	15,7	183,1	4910	—	181,6	13,4	2061	3,69	(£)
93	—	534	57	591	8001	14,9	338,7	4964	—	208,8	13,6	3180	3,90	(£)
90	—	335	67	402	5627	16,8	213,5	5074	—	193,8	13,9	1831	3,79	(£)
90	—	274	52	326	4596	16,7	165,7	5147	—	185,4	14,1	2670	3,60	(£)
89	—	323	42	365	4552	14,0	171,7	4552	—	171,7	12,4	2016	3,77	(£)
83	715	569	60	629	8542	15,0	324,5	4928	648	187,9	13,5	2320	3,80	(£)
98	—	375	107	482	4522	12,0	184,1	3400	—	139,4	9,3	1739	4,07	£
94	—	335	60	395	4853	14,5	205,7	4453	—	189,8	12,2	1549	4,23	(£)
85	—	387	53	440	6021	15,5	218,6	5000	—	181,0	13,7	2032	3,63	(£)
92	—	276	76	352	3921	14,2	140,9	4052	—	146,0	11,1	1706	3,59	£
90	—	291	55	346	4054	13,3	156,8	4276	—	165,4	11,7	2048	3,86	£
90	—	330	45	375	4535	13,7	164,9	4380	—	160,2	12,0	1586	3,63	£
90	—	289	52	341	4304	14,9	177,5	4599	—	189,8	12,6	2230	4,12	(£)
85	—	330	44	374	4229	12,8	153,7	4125	—	150,0	11,3	1509	3,63	£
84	650	296	58	354	5321	15,5	200,9	5475	782	207,5	15,0	1886	3,69	(£)
89	775	322	54	376	4911	15,2	193,3	4645	599	187,6	13,0	1574	3,94	(£)
88	—	291	82	373	5465	18,7	230,2	5329	—	225,2	14,6	2390	4,21	(£)
85	—	339	46	385	4662	16,1	219,8	5178	—	208,3	14,1	1665	4,02	(£)
85	—	635	55	690	8413	13,2	362,9	4453	—	191,9	12,2	2042	4,12	(£)
90	—	296	70	366	4480	15,1	168,0	4453	—	167,5	12,2	2078	3,75	(£)
86	—	266	95	361	4008	15,0	154,3	4052	—	154,9	11,1	1627	3,81	£
90	740	361	52	413	5586	15,4	238,2	4928	666	210,2	13,5	2084	4,27	(£)
87	—	345	75	420	5748	16,6	229,9	4964	—	199,7	13,6	2007	4,00	(£)
91	—	311	76	387	4067	13,0	148,2	3833	—	139,8	10,5	1712	3,64	£
82	—	305	44	349	4321	14,1	161,4	4490	—	168,6	12,3	1667	3,73	(£)
90	—	304	52	356	4069	13,3	165,5	4161	—	169,4	11,4	1930	4,06	(£)
87	780	264	84	348	4636	17,5	168,9	4862	623	177,1	13,3	1923	3,64	(£)
90	—	290	73	363	4655	16,0	172,9	4672	—	174,8	12,8	1621	3,71	(£)
87	—	309	50	359	4085	13,2	135,2	4125	—	137,2	11,3	1827	3,31	£
87	—	269	44	313	4915	18,2	209,1	5731	—	243,8	15,7	2462	4,25	(£)
83	—	388	67	455	4973	12,8	215,2	3942	—	172,6	10,8	1849	4,32	(£)
81	—	306	46	352	4525	14,8	178,8	4672	—	185,1	12,8	1383	3,83	(£)
82	700	310	61	371	4795	15,4	200,3	4709	626	196,7	12,9	1639	4,17	(£)
80	680	318	56	374	5386	16,9	218,2	5256	772	212,1	14,4	2009	4,06	(£)

Canton Syndicat	Propriétaire	Nom de la vache	N° à la corne	Marque métallique N° et inscription	Année de naissance	Nombre de vêlages
Canton de Fribourg						
Synd. de Schmitten	Schnyder R.	Freude	3983	—	1922	2
»	Marbach Fritz	Babette	4004	30523 Frib.	1924	2
»	»	Blöschi	4005	30003 Frib.	1924	2
»	»	Lotte	4011	—	1919	?
»	Krummen Fritz	Eiche	4016	28261 Frib.	1923	2
»	Reidy Joh.	Sirene	4052	30745 Frib.	1924	1
»	Marbach Fritz	Alma	4095	—	1922	4
»	Schnyder R.	Veiel	4118	26333 Frib.	1922	3
Synd. de St-Antoni	Vonlanthen Franz	Bologna	634	—	1919	5
»	Linder Johann	Freudi	669	—	1919	4
»	Schwaller Martin	Helvetia	671	—	1919	5
»	Linder Joh.	Tubi	700	—	1919	3
»	»	Kaiser	738	—	1920	4
»	Affolter Ernst	Bella	769	—	1921	4
»	Vonlanthen Franz	Hirza	784	27046 Frib.	1923	2
»	Linder Johann	Blöschi	791	—	1922	2
»	»	Falk	792	—	1923	2
»	»	Runda	793	27787 Frib.	1923	2
»	Schwaller Martin	Tiger	796	—	1921	2
»	Affolter Ernst	Citrone	804	25536 Frib.	1922	2
»	Vonlanthen Moritz	Fahne	858	—	1923	2
Syndicat de Tafers	Sturny J. J.	Golde	1116	—	1921	4
»	»	Grimsel	1118	24837 Frib.	1922	4
»	Dugrey Jos.	Freude	1194	—	1921	3
»	Sturny J. J.	Krone	1202	26527 Frib.	1922	1
»	Brügger frères	Hase	1243	—	1923	3
»	Sturny J. J.	Lerche	1295	28388 Frib.	1923	2
»	»	Limmat	1296	28858 Frib.	1923	2
»	»	Lusti	1297	28856 Frib.	1923	2
»	Brügger frères	Flora	1305	—	1924	1
Synd. d'Ueberstorf	Schneuwly Alfons	Polka	1470	19950 Frib.	1919	5
»	Marbach Ernst	Heidi	1509	—	1918	4
»	Boschung Franz	Krone	1723	29136 Frib.	1923	2
»	»	Lisette	1724	—	1924	2
»	Brülhard Karl	Rundi	1781	29137 Frib.	1923	2
Synd. de Vuisternens-devant-Romont	Deillon Ernest	Marmotte	867	17094 Frib.	1918	6
	Donzallaz Emile	Joyeuse	999	26152 Frib.	1922	3
»	Deillon Ernest	Rubis	1015	27642 Frib.	1923	3
»	Menoud Julien	Bourgeoise	1023	27375 Frib.	1923	3
»	Oberson Jos.	Nachtigall[1])	1028	23450 Frib.	1921	3
»	»	Freude	1031	19976 Frib.	1919	3
»	Menoud Julien	Charmante[1])	1073	24269 Frib.	1922	2
»	»	Mirabelle[1])	1077	30550 Frib.	1924	2
»	Oberson Jos.	Bella	1080	—	1923	2
»	Menoud Julien	Venise[1])	1084	30775 Frib.	1924	1
»	»	Frieda[1])	1086	—	1925	1
»	Donzallaz Emile	Comtesse	1097	31235 Frib.	1924	1
»	Oberson Jos.	Miss	1133	—	1921	4
Synd. de Wünnewil	Käser Clemens	Spiegel	312	—	1919	6
»	Schmutz Jakob	Greth	520	24156 Frib.	1921	4
»	Herren Gottfr.	Bella	573	25571 Frib.	1922	3
»	Käser Clemens	Freudi	608	28530 Frib.	1923	2

Nombre de points	Poids vif moyen	Nombre de jours de lactation	de tarissement	entre les vêlages	Rendement par période de lactation — Lait Total	Lait par jour	Graisse Total	Rendement calculé sur 365 jours — Lait Total	Lait par 100 kg. de poids vif	Graisse Total	Rendement de lait par jour de l'intervalle des vêlages	pendant les 100 premiers jours	Teneur moyenne en graisse	Marque de bonne laitière
	kg				kg	kg	kg	kg	kg	kg	kg	kg	%	
80	669	312	47	359	4781	15,3	180,5	4855	674	183,2	13,3	1664	3,73	Ⓛ
83	—	354	35	389	5069	14,3	205,9	4745	—	193,0	13,0	1578	4,08	Ⓛ
84	—	297	62	359	4764	16,0	172,9	4843	—	175,7	13,2	1975	3,62	Ⓛ
90	—	383	63	446	4984	13,0	170,9	4052	—	139,8	11,1	1680	3,42	𝔏
79	—	326	47	373	4210	12,9	171,6	4088	—	161,7	11,2	1523	4,07	𝔏
88	—	288	83	371	4332	15,0	154,7	4260	—	152,2	11,6	1687	3,58	𝔏
91	—	284	52	336	4261	15,0	176,4	4630	—	191,6	12,7	1528	4,13	Ⓛ
83	592	325	48	373	5394	16,5	207,7	5256	959	198,2	14,4	1898	3,76	Ⓛ
82	—	261	85	346	5580	21,3	213,9	6643	—	156,2	18,2	2396	3,85	Ⓛ
80	—	348	62	410	5093	14,6	195,4	4534	—	173,9	12,4	1610	3,83	Ⓛ
83	—	426	141	567	6601	15,4	233,7	4234	—	150,4	11,6	2139	3,54	𝔏
80	—	329	59	388	4787	14,5	203,5	4490	—	228,5	12,3	1911	4,25	Ⓛ
90	—	281	49	330	3475	12,3	139,1	3833	—	153,3	10,5	1331	4,00	𝔏
88	—	292	47	339	3802	13,0	122,4	4088	—	131,7	11,2	1408	3,22	𝔏
82	—	397	58	455	6405	16,1	284,3	5110	—	184,3	14,0	2270	4,48	Ⓛ
79	—	297	55	352	4020	13,5	—	4161	—	—	11,4	1534	*	𝔏
86	—	342	40	382	4094	11,9	156,4	3906	—	148,9	10,7	1446	3,82	𝔏
87	—	355	53	408	3843	10,8	165,3	3438	—	147,8	9,4	1358	4,30	𝔏
78	—	263	85	348	4712	15,1	262,5	4928	—	275,3	13,5	2051	4,44	Ⓛ
85	—	343	48	391	4440	12,9	200,0	4125	—	186,5	11,3	1652	4,62	Ⓛ
88	—	315	80	395	4874	15,4	182,9	4504	—	169,0	12,3	1950	3,76	Ⓛ
85	740	320	44	364	4036	12,6	164,2	4047	547	164,5	11,1	1390	4,06	𝔏
84	700	295	42	337	4035	13,6	155,9	4369	624	168,6	11,9	1469	3,86	Ⓛ
94	909	317	55	372	4321	13,6	183,2	4234	465	179,5	11,6	1650	4,24	Ⓛ
80	688	301	75	376	4606	15,3	172,5	4471	650	167,1	12,2	1727	3,75	Ⓛ
76	661	340	60	400	5452	16,0	211,3	4975	752	192,7	13,6	1697	3,87	Ⓛ
80	661	335	42	377	4291	12,8	157,6	4161	630	152,5	11,4	1342	3,68	𝔏
79	647	330	48	378	3647	11,0	146,8	3518	544	141,6	9,6	1177	4,02	𝔏
80	675	335	46	381	4372	13,0	160,1	4180	619	153,3	11,4	1393	3,66	𝔏
78	657	342	34	376	3977	11,6	173,5	3858	585	168,2	10,6	1361	4,36	Ⓛ
87	728	357	46	403	6421	16,2	221,7	5731	749	146,4	15,7	1858	3,50	Ⓛ
90	723	301	64	365	5155	17,1	194,9	5155	712	194,9	14,1	1723	3,69	Ⓛ
82	650	341	48	389	5211	15,2	199,0	4891	690	186,5	13,4	1596	3,78	Ⓛ
88	647	326	39	365	4751	14,5	198,9	4751	735	197,5	13,0	1601	4,17	Ⓛ
85	—	286	60	346	4545	15,8	165,9	4782	—	167,9	13,1	1577	3,53	Ⓛ
93	—	308	38	346	6565	21,3	267,5	6935	—	272,1	19,0	2395	4,07	Ⓛ
86	760	348	48	396	5183	14,8	241,7	4745	625	166,8	13,0	1661	4,66	Ⓛ
86	720	337	48	385	5990	17,7	260,2	5658	778	188,3	15,5	1939	4,39	Ⓛ
90	763	298	74	372	4438	14,9	157,9	4343	570	154,7	11,9	1903	3,56	Ⓛ
90	750	286	48	334	4317	15,1	179,5	4636	618	196,0	12,7	1574	4,16	Ⓛ
92	730	273	59	332	4296	15,4	159,3	4636	636	173,8	12,7	1619	3,68	Ⓛ
90	750	325	56	381	5756	17,7	218,3	5512	734	208,8	15,1	1938	3,79	Ⓛ
87	—	248	86	334	3952	15,9	159,6	4307	—	166,8	11,8	1371	3,88	Ⓛ
92	807	359	66	425	5870	16,4	228,2	5037	624	196,0	13,8	1847	3,89	Ⓛ
86	705	333	45	378	4711	14,0	191,9	4563	647	185,0	12,5	1528	4,06	Ⓛ
85	620	378	26	404	4954	13,1	195,7	4453	722	176,6	12,2	1477	3,95	Ⓛ
84	680	367	65	432	5381	14,6	219,1	4526	603	185,4	12,4	1470	4,07	Ⓛ
96	880	339	49	388	5689	16,7	222,9	5329	605	209,4	14,6	2205	3,84	Ⓛ
78	725	332	67	399	5558	16,5	221,3	5000	651	202,2	13,7	2046	3,98	Ⓛ
88	775	306	75	381	4544	14,5	187,7	4344	547	180,3	11,9	1722	4,14	Ⓛ
84	—	299	61	360	4463	14,9	164,3	4526	—	164,9	12,4	1806	3,68	Ⓛ
77	730	271	57	328	3163	11,6	139,9	3504	477	155,5	9,6	1269	4,40	𝔏

Canton Syndicat	Propriétaire	Nom de la vache	N° à la corne	Marque métallique N° et inscription	Année de naissance	Nombre de vêlages
Canton de Soleure						
Synd. de Rüttenen	Allemann veuve	Venus	490	118Rüttenen	1923	2
»	von Wartburg Aug.	Nägi	518	127Rüttenen	1924	1
Synd. de Schnottwil	Schluep Walter	Miggi	473	—	1923	1
»	»	Bläss	484	—	?	?
Canton de Bâle-Camp.						
Syndicat de Buus	Nyffeler Fritz	Kaiser	441	—	1922	3
Synd. de Diegtertal	Schweizer Hermann	Flori	353	—	1922	4
»	Fankhauser Alfr.	Fürst	380	—	1925	1
Synd. de Reigoldswil	Suter Emil	Bethli	276	56 Reig'wil	1915	8
»	Mani frères	Lusta	353	127 Reig'wil	1919	5
»	»	Lerche	425	—	1921	4
»	Nägelin Robert	Strauss	494	—	1919	2
»	»	Strauss	494	—	1919	3
»	Mani frères	Perle	502	205 Reig'wil	1923	2
»	Suter Emil	Freude	505	204 Reig'wil	1923	3
»	Nägelin Robert	Freudi	558	—	1923	1
»	Furler Heinrich	Grethe	584	—	1925	1
Synd.deWaldenb'tal	Wisler Ulr.	Adler	488	89 Waldenb.	1917	7
»	Schweizer Ad.	Kläri	557	—	1920	3
»	Wisler Ulr.	Meta	586	134Waldenb.	1921	3
»	Häfelfinger Gustav	Schimmel	595	—	1919	4
»	Schwob Karl	Flora	641	—	1923	2
»	Schneider Arn.	Rösli	664	—	1919	4
Canton d'Argovie						
Synd. de l'Eigenamt	Asile Königsfelden	Aga	856	516Eigenamt	1921	3
»	»	Graf	997	—	1919	4
»	»	Adler II	999	—	1919	4
»	»	Juno	1001	—	1918	5
Syndicat de Kölliken	Lüscher G.	Rösy	373	231 Kölliken	1922	3
»	Schär Jakob	Nelly	375	—	1919	3
»	Wilhelm Otto	Freudi	407	—	1920	3
Synd. de Rheintal	Meili Paul	Stern	440	—	1917	7
»	Laube, Bez. Richter	Lusti	486	345 Rheintal	1918	6
»	Ehrensperger Karl	Nelly	487	351 Rheintal	1918	6
»	Meili Paul	Stern II	520	397 Rheintal	1920	4
»	Rohner Joh.	Erika	569	428 Rheintal	1921	4
»	Ehrensperger K.	Mädi	581	422 Rheintal	1920	6
»	Meili Paul	Schöfli	582	—	1920	4
»	Laube, Bez. Richter	Falk	674	472 Rheintal	1922	4
Syndicat de Rued	Frey J. und K.	Höffert	532	—	1915	8
»	Mauch Hans	Blösch	568	—	1916	6
»	Neeser Gottl.	Freudi	569	—	1919	6
»	Mauch Hans	Bella	636	—	1922	3
»	Frey J. und K.	Laura	672	—	1922	3
»	Goldenberger Hans	Lisi	673	—	1919	5
Synd. de Schöftland	Diener E.	Firma	735	—	1921	4
»	Frey J. und R.	Julia	738	—	1920	3
»	Diener E.	Bläss	744	—	1916	6
»	Lüscher Fr.	Schwalbe	813	643 Burg	1920	4
»	Müller Oskar	Flori	824	—	1923	2
»	Lüthi Hans	Diana	833	—	1920	5
Syndicat de Seetal	Salm Ad.	Gritli	752	327 Seetal	1919	5

Nombre de points	Poids vif moyen	Nombre de jours: de lactation	Nombre de jours: de tarissement	Nombre de jours: entre les vêlages	Rendement par période de lactation: Lait Total	Rendement par période de lactation: Lait par jour	Rendement par période de lactation: Graisse Total	Rendement calculé sur 365 jours: Lait Total	Rendement calculé sur 365 jours: Lait par 100 kg. de poids vif	Rendement calculé sur 365 jours: Graisse Total	Rendement de lait: par jour de l'intervalle des vêlages	Rendement de lait: pendant les 100 premiers jours	Teneur moyenne en graisse	Marque de bonne laitière
	kg				kg	kg	kg	kg	kg	kg	kg	kg	%	
80,5	—	290	56	346	4312	14,8	189,0	4526	—	199,3	12,4	1750	4,38	Ⓛ
77	—	295	30	325	4575	15,5	156,3	5110	—	175,2	14,0	1978	3,41	Ⓛ
83,5	645	338	47	385	4734	14,0	185,6	4490	690	175,9	12,3	1672	3,80	Ⓛ
?	628	322	66	388	4311	13,3	184,5	4052	—	173,4	11,1	1616	4,27	Ⓛ
79,5	650	317	48	365	4942	15,5	194,9	4928	706	194,5	13,5	1828	3,94	Ⓛ
78,5	705	339	37	376	6589	18,0	276,0	5804	739	207,7	15,9	2248	4,20	Ⓛ
77	692	330	37	367	3678	11,1	162,6	3650	530	161,7	10,0	1151	4,42	L
76,5	650	394	35	429	5740	14,7	198,1	4855	748	168,3	13,3	1652	3,45	Ⓛ
82	—	379	31	410	5462	14,4	234,3	4855	—	155,9	13,3	1729	4,37	Ⓛ
79	—	323	64	387	4221	13,0	128,8	3979	—	121,9	10,9	1966	3,04	L
78,5	—	353	51	404	5032	14,2	166,9	4526	—	150,7	12,4	1693	3,31	Ⓛ
78,5	—	292	56	348	4992	17,0	166,4	5234	—	174,4	14,3	2037	3,33	Ⓛ
79	—	324	34	358	4249	13,0	189,7	4307	—	193,1	11,8	1771	4,46	Ⓛ
79	—	315	43	358	4430	14,0	148,8	4490	—	151,5	12,3	1795	3,34	L
77	—	327	58	385	3720	11,3	171,5	3577	—	162,4	9,8	1514	4,61	L
78	—	398	63	461	5990	15,0	234,6	4745	—	185,8	13,0	1897	3,98	Ⓛ
80	—	344	50	394	4933	14,3	189,2	4563	—	223,2	12,5	1653	3,83	Ⓛ
78	—	354	126	480	5123	14,4	200,0	3869	—	151,5	10,6	1947	3,80	L
81	—	349	47	396	4577	13,0	184,1	4198	—	169,7	11,5	1648	4,03	Ⓛ
76,5	635	315	50	365	4056	12,6	179,8	4052	638	173,3	11,1	2195	4,41	Ⓛ
78	—	299	59	358	4076	13,6	166,2	4130	—	167,3	11,3	1756	4,07	Ⓛ
81	645	407	76	483	4837	11,7	222,4	3650	510	163,9	10,0	1804	4,49	L
88	748	308	49	357	3440	11,1	151,1	3504	502	154,4	9,6	1480	4,38	L
83	725	304	44	348	4493	14,7	162,7	4709	680	170,5	12,9	1972	3,62	Ⓛ
86	728	360	55	415	4794	13,3	177,9	4198	576	156,9	11,5	1816	3,71	L
86	690	453	39	492	5536	13,3	213,9	4088	570	158,4	11,2	1909	3,80	L
82	685	281	59	340	4391	15,6	164,3	4672	682	164,3	12,8	1936	3,49	Ⓛ
80	—	343	47	390	5219	15,2	201,5	4891	—	188,3	13,4	2042	3,86	Ⓛ
82	—	334	91	425	4235	12,6	182,7	3614	—	156,6	9,9	1566	4,31	L
76	630	408	43	451	5406	13,2	223,3	4344	689	185,4	11,9	1968	4,13	Ⓛ
85	—	299	46	345	4350	14,7	175,2	4599	—	184,3	12,6	1565	4,02	Ⓛ
84	657	342	60	402	4610	13,4	183,3	4185	637	166,4	11,4	2004	3,97	L
78	600	359	39	398	4579	12,7	179,6	4198	690	168,6	11,5	1654	3,92	L
85	715	314	42	356	3808	12,1	149,8	3904	546	153,3	10,6	1763	3,91	L
83	—	359	43	402	4523	12,6	176,9	4088	—	160,6	11,2	1660	3,91	L
84	—	524	32	556	5595	10,7	248,0	3650	—	162,7	10,0	1619	4,43	L
84	—	340	25	365	4276	12,5	166,3	4276	—	166,3	11,7	1398	3,75	L
82	—	287	67	354	3694	12,8	136,6	3800	—	140,5	10,4	1595	3,69	L
78	—	404	46	450	4921	12,1	208,9	3950	—	169,4	10,8	1560	4,25	Ⓛ
80	—	297	64	361	3724	12,5	158,0	3760	—	158,8	10,3	1693	4,24	L
79	—	309	56	365	5575	15,8	219,6	5575	—	219,6	15,2	2388	3,93	Ⓛ
82	—	277	56	333	4455	16,0	187,0	4891	—	204,8	13,4	2085	4,19	Ⓛ
81	—	284	34	318	3803	13,4	124,4	4344	—	133,9	11,9	1505	3,27	L
80	890	438	65	503	5614	12,9	195,7	4052	452	137,9	11,1	1884	3,49	L
81	710	413	67	480	5650	13,7	226,0	4207	588	167,9	11,8	2031	4,00	Ⓛ
81	680	282	57	339	3646	12,9	146,3	3906	572	157,3	10,7	1700	4,01	L
78	638	353	72	425	4517	12,9	230,7	3879	608	198,1	10,6	1772	5,10	Ⓛ
83	777	430	40	470	5678	13,2	194,7	4380	563	151,1	12,0	1900	3,43	L
81	645	428	45	473	5937	15,2	258,8	5037	780	203,7	13,8	1956	4,36	Ⓛ
84	—	344	39	383	5725	16,6	—	5439	—	—	14,9	2113	*	Ⓛ

Canton Syndicat	Propriétaire	Nom de la vache	N° à la corne	Marque métallique N° et inscription	Année de naissance	Nombre de vêlages
Canton d'Argovie						
Syndicat de Seetal	Gutsbetrieb Wildegg	Adele	829	294 Bözberg	1921	3
»	Baumann Paul	Blondine	842	—	1917	4
»	Pénitencier Lenzbourg	Junker	849	—	1920	5
»	»	Disteli	854	428 Seetal	1922	2
»	Ecole d'agr. Wildegg	König	916	—	1922	3
»	Salm Ad.	Strauss	987	501 Seetal	1923	2
»	Pénitencier Lenzbourg	Rösi	1077	—	1924	1
»	»	Züsi	1082	89 Oberbuchs.	1924	2
Synd. de Siggental	Neuenschwander Paul	Kaiser II	95	409 Rheintal	1920	4
Canton de Lucerne						
Synd. d'Ebersecken	Asile St-Urban	Senta	1076	—	1920	2
»	»	Elsa	1104	—	1923	1
»	Asile Pfaffnau	Nachtigall	1139	185 Luthern	1920	3
»	»	Diani	1141	—	1921	3
»	»	Hulda	1198	—	1924	2
»	Asile St-Urban	Kroni	1211	—	1923	2
Canton de Vaud						
Syndicat de Brenles-Chesalles-Sarzens	Rod Jules	Muguet	307	—	1923	2
Syndicat de Cuarny	Christin frères	Fleurette	29	—	1917	7
»	Péguiron Adrien	Bella	49	—	1919	4
»	»	Cerise	66	—	1920	4
»	»	Dora	67	—	1920	3
»	Péguiron frères	Marquise	78	—	1922	3
»	Christin frères	Bellone	80	—	1921	4
»	Goudoux frères	Civette	92	—	1923	2
»	Péguiron frères	Mignonne	95	—	1921	4
»	Péguiron Adrien	Dora	100	—	1924	1
»	Péguiron frères	Hirondelle	103	—	1924	1
»	Christin frères	Mignonne	105	—	1922	3
Syndicat de Gryon I	Jaquerod Vincent	Duchesse	103	—	1924	2
»	»	Krügel	107	—	1924	2
Synd. de Marchissy	Humbert Jules	Tasson	201	—	1917	8
»	Pilloud Emile	Blanchette	308	—	1920	3
»	Humbert Louis	Josse	387	—	1923	2
»	»	Bijou	398	—	1924	2
Syndicats Monts de Lavaux	Ramseyer Gottfr.	Baronne	182	—	1918	5
»	Regamey Charles	Fauvette	211	—	1919	6
»	Colomb frères	Junon	248	—	1922	3
»	Regamey Charles	Badine	257	—	1920	4
Syndicat de Puidoux-Chexbres	Chevalley Ami	Colombe	280	—	?	?
»	Bovy Henri	Griotte	304	—	1920	3
»	Chevalley Ami	Griotte	383	—	1921	4
Synd. de Vuarrens	Gonin Lucien	Drapeau	152	—	1919	5
»	Despland Jules	Primel	254	—	1923	3
Canton de Neuchâtel						
Syndicat de Boudry-Est	Perrochet J. F.	Alouette	450	8 B. E.	1918	5
»	Hospice cantonal	Diane	458	—	1921	4
»	Perrochet J. F.	Fauchette	494	—	1920	3
»	»	Frileuse	570	173 B. E.	1923	2
»	»	Elegante	590	—	1922	2

Nombre de points	Poids vif moyen	Nombre de jours			Rendement par période de lactation			Rendement calculé sur 365 jours			Rendement de lait		Teneur moyenne en graisse	Marque de bonne laitière
		de lactation	de tarissement	entre les vêlages	Lait		Graisse	Lait		Graisse	par jour de l'intervalle des vêlages	pendant les 100 premiers jours		
					Total	par jour	Total	Total	par 100 kg. de poids vif	Total				
	kg				kg	kg	kg	kg	kg	kg	kg	kg	%	
82	660	300	38	338	4423	14,7	163,0	4745	667	175,9	13,0	1836	3,68	(𝔏)
79	—	325	55	380	5172	15,9	—	4964	—	—	13,6	2227	*	(𝔏)
78	670	302	54	356	4852	16,0	178,8	4964	686	183,2	13,6	2041	3,58	(𝔏)
83	—	293	57	350	4176	14,2	—	4271	—	—	11,7	1740	*	𝔏
82,5	—	292	45	337	4337	14,8	172,4	4672	—	186,4	12,8	2037	3,90	(𝔏)
82	—	320	66	386	4538	14,2	174,4	4271	—	164,6	11,7	1681	3,84	𝔏
86	700	351	47	398	4354	12,4	142,6	3979	525	130,7	10,9	1643	3,27	𝔏
83	—	309	51	360	4473	14,4	169,2	4526	—	171,6	12,4	1607	3,78	(𝔏)
85	800	374	35	409	4701	12,5	173,9	4161	520	155,1	11,4	1833	3,48	𝔏
80,5	—	346	86	432	5891	17,0	236,1	4964	—	199,3	13,6	1868	4,00	(𝔏)
87	—	421	80	501	7380	17,6	280,7	5366	—	204,4	14,7	2146	3,81	(𝔏)
77,5	—	415	83	498	6020	14,5	228,8	4417	—	167,5	12,1	1913	3,80	(𝔏)
76	—	341	55	396	5496	16,1	199,6	5054	—	183,9	13,9	2028	3,63	(𝔏)
78	—	318	63	381	4692	14,7	188,9	4481	—	179,9	12,2	1878	4,01	(𝔏)
82,5	—	309	64	373	4450	14,2	167,8	4344	—	162,0	11,9	1689	3,75	𝔏
82	695	307	54	361	4385	14,2	187,3	4417	635	188,7	12,1	1651	4,27	(𝔏)
78	550	315	67	382	5248	16,7	216,2	5000	828	206,0	13,7	2025	4,12	(𝔏)
86,5	783	313	59	372	5380	17,1	216,5	5256	643	212,4	14,4	2189	4,02	(𝔏)
81,5	712	315	58	373	4410	13,9	—	4344	610	—	11,9	1560	*	𝔏
82,5	668	312	56	368	4584	14,6	203,5	4526	627	201,8	12,4	1901	4,43	(𝔏)
85,5	—	321	48	369	4834	15,0	188,2	4782	—	186,2	13,1	1977	3,79	(𝔏)
82	—	291	58	349	5402	16,1	205,6	5658	—	146,7	15,5	2400	3,72	(𝔏)
89	662	297	48	345	4489	15,1	163,0	4745	716	172,3	13,0	1945	3,63	(𝔏)
81,5	—	315	65	380	4844	15,5	—	4599	—	—	12,6	1737	*	(𝔏)
82	—	310	65	375	3991	12,6	129,9	3869	—	126,3	10,6	1287	3,25	𝔏
83	700	321	66	387	4248	13,2	141,0	3979	568	132,9	10,9	1571	3,31	𝔏
82	—	320	39	359	4914	15,3	209,9	5000	—	215,4	13,7	1680	4,28	(𝔏)
77	567	290	48	338	3290	11,3	131,8	3540	626	142,4	9,7	1441	4,00	𝔏
89	649	256	61	317	2849	11,1	125,3	3285	504	144,2	9,0	1391	4,39	𝔏
80	636	498	68	566	6185	12,4	263,0	3942	619	143,4	10,8	1819	4,29	(𝔏)
84	691	480	50	530	6342	13,2	—	4344	629	—	11,9	1762	*	𝔏
78	610	305	56	361	4685	15,1	152,6	4672	766	154,0	12,9	1993	3,33	(𝔏)
82,5	—	298	84	382	4060	13,6	—	3869	—	—	10,6	1697	*	𝔏
85	714	331	45	376	6631	20,0	233,0	6424	928	225,9	17,6	2980	3,51	(𝔏)
85,5	670	317	70	387	4448	14,0	160,1	4197	626	151,1	11,5	1749	3,60	𝔏
80	685	324	59	383	4142	14,1	153,6	3942	575	146,3	10,8	1782	3,71	𝔏
80,5	695	390	41	431	4470	11,4	191,6	3796	546	162,0	10,4	1822	4,28	𝔏
?	—	293	43	336	5145	17,5	196,2	5585	—	199,3	15,3	2167	3,81	(𝔏)
82,5	—	409	51	460	5196	12,7	189,3	4125	—	150,0	11,3	1428	3,64	𝔏
82,5	—	281	78	359	3939	14,0	176,3	3979	—	179,2	10,9	1670	4,47	(𝔏)
82	—	327	46	373	5544	16,9	200,5	5439	—	196,0	14,9	1872	3,61	(𝔏)
83	683	326	52	378	4220	12,9	174,2	4052	600	167,9	11,1	1545	4,12	𝔏
77	685	291	57	348	3631	12,4	146,5	3796	554	153,3	10,4	1598	4,03	𝔏
79	—	310	52	362	4639	14,9	207,9	4672	—	209,5	12,8	1734	4,48	(𝔏)
83	588	316	50	366	4031	12,7	132,4	4015	682	128,5	11,0	1634	3,29	𝔏
82	—	306	44	350	3859	12,6	155,8	4015	—	162,4	11,0	1531	4,03	𝔏
83	685	378	49	427	5187	13,7	211,6	4417	644	181,8	12,1	2009	4,06	(𝔏)

Canton Syndicat	Propriétaire	Nom de la vache	N° à la corne	Marque métallique N° et inscription	Année de naissance	Nombre de vêlages
Canton de Neuchâtel						
Syndicat de Boudry-Est	Hospice cantonal	Guirlande	594	—	1924	2
»	»	Griotte	602	188 B. E.	1923	2
»	»	Galante	603	132 B. E.	1924	2
»	Udriet G.	Dragonne	674	—	1924	2
Synd. de La Béroche	Nussbaum A.	Grütli	962	279 La Béroche	1924	1
»	»	Fuchs	970	241 La Béroche	1923	2
»	»	Muguet	1039	—	1920	4
Synd. de La Chaux-de-Fonds	Gerber Paul	Pommette	314	—	1915	7
»	»	Frisette	554	—	1917	6
»	Maurer Henri	Schild	806	—	1918	4
»	Orphelinat	Iris	831	134 Ch.-de-F.	1922	2
»	»	Jany	836	—	1921	3
»	Gerber Paul	Noisette	948	—	1920	3
»	Orphelinat	Lorette	983	—	1924	2
Synd. du Val-de-Ruz	Ecole cant. d'agr. Cernier	Denise	1029	460 Val-de-R.	1917	7
»	Chollet Paul	Suzette	1217	—	1919	6
»	Coulet André	Bouquette	1347	—	1919	6
»	Balmer Albert	Favorite	1464	—	1921	4
»	Fallet David	Jonquille	1513	—	1921	4
»	Chollet Paul	Emmy	1630	—	1922	2
»	»	Emmy	1630	—	1922	3
»	Ecole cant. d'agr. Cernier	Javeline	1685	949 Val-de-R.	1922	3
»	Balmer Albert	Reveil	1727	898 Val-de-R.	1921	3
»	Orphelinat cantonal	Heloise	1773	—	1922	3
»	Orphelinat Borel	Jolie	1969	1133 V.-de-R.	1924	1
Canton de Genève						
Synd. de Dardagny-Russin	Bellevaux frères	Bouquet	221	—	1920	4
»	Hutin Ed.	Mousseline	259	74 Genève	1922	4
»	Penay Louis	Janette	270	96 Genève	1922	4
»	Pottu Louis	Prinzesse	280	88 Genève	1922	2
»	»	Baronne	297	—	1921	3
»	Bellevaux frères	Princesse	299	—	1921	4
»	Gros Charles	Colombe	313	149 Genève	1923	2
»	Dugerdile Jules	Rose	345	155 Genève	1924	2
»	Hutin Ed.	Manon	351	135 Genève	1923	2
			880	**pièces**		**3,4**

Nombre de points	Poids vif moyen	Nombre de jours de lactation	Nombre de jours de tarissement	Nombre de jours entre les vêlages	Rendement par période de lactation: Lait Total	Rendement par période de lactation: Lait par jour	Rendement par période de lactation: Graisse Total	Rendement calculé sur 365 jours: Lait Total	Rendement calculé sur 365 jours: Lait par 100 kg. de poids vif	Rendement calculé sur 365 jours: Graisse Total	Rendement de lait par jour de l'intervalle des vêlages	Rendement de lait pendant les 100 premiers jours	Teneur moyenne en graisse	Marque de bonne laitière
	kg				kg	kg	kg	kg	kg	kg	kg	kg	%	
85	—	368	42	410	4453	12,1	166,7	3942	—	148,2	10,8	1423	3,74	𝔏
75	—	301	50	351	3800	12,6	149,2	3869	—	155,1	10,6	1491	3,93	𝔏
78	—	321	55	376	4131	12,8	153,0	3979	—	148,2	10,9	1566	3,70	𝔏
83	720	332	46	378	4413	13,3	188,1	4234	580	175,6	11,6	1668	4,27	(𝔏)
88	766	345	49	394	5270	15,2	183,5	4855	603	169,7	13,3	1628	3,56	(𝔏)
85	702	340	46	386	5449	16,0	238,6	5212	701	167,5	14,3	1840	4,38	(𝔏)
82	—	325	46	371	4356	13,4	191,1	4234	—	187,9	11,6	1574	4,38	(𝔏)
84	—	350	45	395	4530	12,7	176,4	4187	—	162,8	11,4	1897	3,89	𝔏
85	—	269	91	360	3913	14,5	136,4	3964	—	138,3	10,8	1735	3,49	𝔏
80	—	330	50	380	6114	18,5	275,3	5877	—	264,3	16,1	2021	4,50	(𝔏)
86	695	305	58	363	3369	11,0	144,8	3359	482	142,4	9,2	1723	4,29	𝔏
88	614	521	60	581	5569	10,6	227,6	3504	570	142,7	9,6	1760	4,08	𝔏
82	—	344	54	398	4926	14,3	193,4	4526	—	171,6	12,4	1785	3,92	(𝔏)
78	—	301	43	344	3771	12,5	135,9	3979	—	143,8	10,9	1403	3,60	𝔏
80	800	534	14	548	6848	12,8	253,4	4526	565	168,6	12,4	1675	3,65	(𝔏)
86	—	377	66	443	5222	13,8	195,1	4307	—	160,6	11,8	1812	3,73	𝔏
76	660	491	72	563	8266	16,9	296,5	5074	718	192,6	13,9	1670	3,59	(𝔏)
?	—	406	56	462	5568	13,5	192,4	4380	—	150,7	12,0	1821	3,37	𝔏
85	—	337	57	394	4738	14,0	203,5	4380	—	188,3	12,0	1766	4,28	(𝔏)
79	—	376	52	428	4549	12,1	174,3	3869	—	148,9	10,6	1495	3,83	𝔏
79	—	299	62	361	4248	14,2	143,8	4198	—	144,2	11,5	1630	3,38	𝔏
78	720	439	54	493	5218	11,9	195,9	3833	532	143,8	10,5	1280	3,75	𝔏
83	—	412	47	459	5218	12,6	231,3	4125	—	183,6	11,3	1821	4,43	(𝔏)
82	—	299	53	352	3560	11,9	160,7	3687	—	166,4	10,1	1259	4,50	𝔏
80	645	343	13	356	4690	13,6	181,3	4782	742	185,8	13,1	1905	3,87	(𝔏)
86	—	300	82	382	4160	13,6	170,8	3869	—	161,3	10,6	1795	4,10	𝔏
84	—	284	73	357	4944	17,3	197,1	5037	—	201,5	13,8	2225	3,99	(𝔏)
84	595	311	53	364	4798	15,4	186,4	4818	741	186,5	13,2	1875	3,89	(𝔏)
86	—	333	43	376	5258	15,7	209,5	5074	—	204,0	13,9	1945	3,96	(𝔏)
86	—	299	52	351	4756	15,6	220,1	5621	—	233,1	15,4	2254	4,62	(𝔏)
82	—	315	88	403	4039	12,8	165,8	3650	—	149,7	10,0	1729	4,10	𝔏
85	—	326	68	394	5231	16,0	190,0	4818	—	170,0	13,2	2043	3,61	(𝔏)
86	—	301	67	368	3962	13,2	157,7	3869	—	156,2	10,6	1775	3,82	𝔏
85	—	262	75	337	3487	13,3	139,9	3760	—	151,5	10,3	1609	4,01	𝔏
84,7	**676,2**	**329**	**58**	**387**	**4711,9**	**14,5**	**185,0**	**4453**	**658**	**174,5**	**12,2**	**1732**	**3,93**	

* Nombre d'échantillons insuffisant.

Rendement des vaches qui ont été retirées du

Toutes les vaches dont le nom est suivi du nombre [1]) celles dont le nom est suivi du nombre [2]), du supplément de 500 kg.

Syndicat d'élevage	Propriétaire	Nom de la vache	N° à la corne	Marque métallique N° et inscription
Aeschi	Luginbühl Fritz	Fink	436	—
»	Durand Chr.	Strauss[1])	592	—
Aeschiried	Müller Fr.	Husar[2])	173	—
»	Lengacher Hans	Falk	180	—
Arni	Moser Albert	Falk	272	—
»	Eichenberger Otto	Blondine	377	—
»	Moser Albert	Grete	427	—
»	Wiedmer Fritz	Luste	467	—
Belp	Bieri Joh.	Graf	769	—
»	Gfeller Fritz	Brütli	873	—
Biglen	Schneider-Kipfer Fritz	Fluh	217	—
»	Moser Albert	Fürst	223	—
»	Jegerlehner Hans	Blum	296	—
»	Moser Gebr.	Hulda	357	—
Blankenbourg	Rufi Johann	Golde	694	—
Bolligen	Fabrique de carton Deisswil	Freude	430	—
»	Althaus Fritz	Lotte	440	—
Boltigen	Ueltschi frères	Charlotte[2])	751	—
»	»	Tulipan[2])	753	—
»	Matti Robert	Scheck[2])	804	—
»	Ueltschi frères	Calanda[2])	855	—
»	»	Calanda IV[2])	912	—
»	»	Kaiser[2])	918	—
»	»	Bergi[2])	925	—
»	»	Erna[2])	932	—
»	Hirschi Joh.	Regina[2])	963	51 Reidenbach-Schwarzenmatt
Bunschen	Heimberg Hans	Bella[2])	133	—
»	Teuscher Hans	Venner[2])	273	—
Därstetten I	Wüthrich Fritz	Heidy	502	—
Deisswil-Wiggiswil-	Rufer veuve	Freude	190	—
Ballmoos	Häberli Ernst	Arena	193	—
Delémont	Blaser famille	Lerch	72	—
»	»	Berna	156	—
»	Monnerat Jos.	Gemse	310	—
Diemtigen I	Hadorn, notaire	Wachtel[2])	1103	—
»	Klossner frères	Adler[2])	1213	—
»	Stucki Ernst	Schwalbe[2])	1320	—
»	»	Gölda[2])	1380	—
»	Klossner frères	Flamme[2])	1400	—
»	Klossner veuve et fils	Diana[2])	1548	—
»	Küng, famille	Mei[1])	1563	—
»	Rebmann Hans	Tulipa[1])	1584	—
»	»	Blösch[1])	1650	—
»	Küng, famille	Bergi[1])	1693	—
Diemtigen II	Dubach Jakob	Hulda[1])	826	—
»	Aegler Chr.	Tulipa[2])	837	—
»	Kunz David	Bärgi[2])	1100	—
Diemtigen III	Neukomm Hans	Gräfin[2])	35	—
Diemtigen IV	Wenger frères	Prinz[2])	80	—
»	Neukomm Karl	Adele[2])	85	—
»	»	Dora[2])	97	14 Diemt. III

contrôle avant la fin de leur période de lactation.

ont bénéficié du **supplément d'alpage** de 300 kg.;
Ce supplément n'est **pas** compris dans les chiffres ci-dessous.

Année de naissance	Nombre de vêlages	Nombre de points	Poids vif moyen	Nombre de jours de traite	Rendement par période de lactation — Lait Total	Lait par jour	Graisse Total	Rendement de lait pendant les 100 premiers jours	Teneur moyenne en graisse	Marque de bonne laitière
			kg		kg	kg	kg	kg	%	
1916	7	90	—	270	4518	14,0	180,9	1889	4,00	£
1921	4	88	672	365	4676	12,6	216,7	1439	4,52	(£)
1917	6	85	680	365	3700	10,0	145,6	1287	3,98	£
1919	6	84	589	365	5389	14,7	190,9	1594	3,54	(£)
1914	10	80	—	365	4923	13,5	214,0	1597	4,35	(£)
1918	5	87	731	340	4341	12,7	172,4	1797	3,99	£
1921	4	83	740	365	4270	11,5	170,6	1620	3,98	£
1922	3	83	578	365	4872	13,3	197,2	14,97	4,04	(£)
1922	2	87	749	365	4820	13,2	207,8	1660	4,31	(£)
1925	1	86	613	365	4868	13,3	198,7	1675	4,09	(£)
1917	6	88	725	300	5383	17,9	223,9	2189	4,15	(£)
1919	6	81	667	365	5378	14,7	215,2	1723	4,00	(£)
1921	3	84	680	331	4545	13,7	168,5	1590	3,70	£
1919	4	86	745	365	6272	15,4	231,8	2062	3,69	(£)
1923	3	89	—	365	5639	15,4	219,4	2739	3,89	(£)
1919	6	85	910	365	5985	16,4	243,4	2255	4,06	(£)
1920	4	86	750	365	6211	17,0	248,6	2086	4,00	(£)
1920	5	91	790	300	4856	16,2	226,5	2093	4,68	(£)
1919	5	88	690	300	5475	15,9	196,6	1864	3,67	(£)
1920	4	86	—	365	6624	17,7	297,2	1980	4,48	(£)
1921	4	91	—	300	5061	16,8	177,1	1802	3,57	(£)
1923	3	88	730	320	4956	15,4	187,7	1747	3,85	(£)
1922	2	92	—	300	5485	15,7	208,9	1981	3,80	(£)
1923	2	85	—	320	5527	17,2	203,2	2003	3,66	(£)
1922	3	94	825	320	4978	15,5	186,1	1810	3,73	(£)
1923	2	88	740	350	5767	14,6	266,0	1904	4,57	(£)
1918	8	89	673	320	4067	12,7	154,5	1543	3,80	£
1922	4	84	647	365	4664	12,7	162,3	1657	3,48	£
1921	4	82	571	365	6341	15,8	205,1	2248	3,24	(£)
1923	2	84	660	365	5896	16,1	232,2	1483	3,95	(£)
1921	2	86	720	365	7211	19,7	230,5	2353	3,20	(£)
1918	5	83	—	365	6055	16,6	246,8	2085	4,06	(£)
1920	4	81	—	300	4511	15,0	169,8	1930	3,76	£
1922	4	88	—	285	4170	14,6	172,3	1762	4,13	£
1915	9	88	690	365	5560	15,2	222,4	1604	4,00	(£)
1916	7	88	564	365	5730	15,7	211,2	1833	3,68	(£)
1918	6	91	—	300	6464	21,5	260,2	2074	4,02	(£)
1919	6	90	—	350	5167	14,7	204,9	1791	3,83	(£)
1919	4	90	655	330	5736	15,3	192,8	2178	3,36	(£)
1921	2	96	—	365	5435	14,8	161,9	2214	2,98	(£)
1921	3	87	—	365	5056	13,8	195,9	1451	3,87	(£)
1922	2	85	—	330	4737	14,3	193,4	1654	4,08	(£)
1922	2	87	621	365	5076	13,9	192,4	1559	3,69	(£)
1923	2	85	—	365	4345	11,7	215,3	1225	4,83	(£)
1919	5	85	—	330	4584	13,9	181,3	1578	3,83	£
1919	4	87	—	300	5059	16,9	238,6	1732	4,70	(£)
1924	1	85	—	320	4436	13,2	204,0	1412	4,62	(£)
1918	6	97	903	350	5259	15,0	224,9	1667	4,08	(£)
1921	3	89	—	330	4897	14,8	204,3	1595	4,17	(£)
1922	3	87	703	305	4762	15,6	190,0	1418	3,99	(£)
1924	2	85	—	290	4597	15,8	191,5	1454	4,16	(£)

Syndicat d'élevage	Propriétaire	Nom de la vache	N° à la corne	Marque métallique N° et inscription
Diemtigen V	Balmer frères	Lusta[2])	2	—
»	Mani Rud.	Hulda[2])	68	—
Diemtigen VII	Mani David	Junker[1])	2	—
»	Haueter Hans	Freude[1])	12	—
»	Bringold Jakob	Diana	26	—
»	»	Tulipa	28	—
»	Knutti Fritz	Flora[1])	41	—
»	Haueter Fritz	Fürst[1])	119	345Diemt.IV
Ebnit	Oehrli Jakob	Lusta[2])	281	—
»	Haldi Ad.	Dora[2])	307	—
»	Würsten Oskar	Berna[2])	334	—
»	Oehrli Jakob	Bella[2])	402	—
»	»	Flora[2])	438	—
Emmenmatt	Rothenbühler Hans	Dachs	984	—
»	Hutmacher Fritz	Lerch	1000	—
Erlenbach i. S.	Hofer Chr.	Luste	1623	—
»	Regez-Hofer R.	Lilie[2])	1946	—
»	Rebmann Fritz	Nägel	2036	—
»	von Vèpy famille	Flora[2])	3012	—
»	Hofer Chr.	Anna	3021	—
»	»	Baron[2])	3023	—
»	»	Babette[2])	3024	—
»	»	Distel[2])	3098	45 Erlenb.
»	Regez J. J. et fils	Pfau[2])	3133	253 Erlenb.
»	Gerber Hans	Regina[2])	3136	367 Erlenb.
»	Regez-Hofer R.	Storch II[2])	3166	160 Diemt. I
Fraubrunnen	Schwab Franz	Ricke	409	—
»	»	Meyi	417	—
»	»	Gäbel	419	—
»	»	Mädi	471	—
»	Bütikofer Jakob	Gulda	490	—
»	Marti Johann	Adler	493	—
Grasswil	Weber Hans	Kleeb	890	—
Gstaad	Sumi Emil	Baron[2])	179	—
»	Bieri Gottfr.	Diana[2])	250	—
»	von Grünigen famille	Blume[2])	325	—
»	von Siebenthal A.	Lusta[2])	360	—
Heiligenschwendi	Asile Heiligenschwendi	Krone	5	—
»	»	Gölde	6	—
»	»	Leni	15	—
»	Oehrli Johann	Veiel	40	—
»	Küng Fritz	Tiger	50	—
»	»	Schütz	51	—
»	Oehrli Joh.	Edelweiss	74	—
Herzogenbuchsee	Holzer Fritz	Falch	27	—
»	Gygax Fritz	Back	34	—
»	Gygax Walter	Mäusi	40	—
»	Stähli Gottfr.	Vreni	125	—
»	Gerber Gottlieb	Greti	128	—
»	Gygax Fritz	Fink	135	—
»	Stähli Gottfr.	Blösch	149	—
Hindelbank	Keller Fritz	Schütz	175	—
Jegenstorf	Rufer Gebr.	Blondine	513	—
»	»	Prinzessin	604	—

Année de naissance	Nombre de vêlages	Nombre de points	Poids vif moyen	Nombre de jours de traite	Rendement par période de lactation — Lait Total	Lait par jour	Graisse Total	Rendement de lait pendant les 100 premiers jours	Teneur moyenne en graisse	Marque de bonne laitière
			kg		kg	kg	kg	kg	%	
1918	7	91	752	365	6469	15,9	274,1	2193	4,23	Ⓛ
1922	2	93	699	365	6525	16,1	264,3	1874	4,05	Ⓛ
1921	4	85	690	365	5338	14,6	224,5	1667	4,20	Ⓛ
1918	6	85	682	261	4427	16,8	168,1	1720	3,79	L
1921	2	85	702	365	5021	13,5	201,5	2036	4,00	Ⓛ
1921	2	90	600	365	4658	12,7	167,5	1973	3,58	L
1926	1	90	721	365	6432	15,8	284,3	1965	4,48	Ⓛ
1925	1	87	—	365	3957	10,6	166,4	1280	4,20	L
1919	5	96	752	365	5345	14,3	202,8	1853	3,79	Ⓛ
1920	4	91	699	365	6336	17,3	242,9	1870	3,81	Ⓛ
1920	4	89	686	350	5349	15,3	178,0	1947	3,32	Ⓛ
1922	2	94	800	365	4547	12,4	166,3	1875	3,53	L
1923	2	91	794	365	4695	12,8	190,7	1739	4,06	Ⓛ
1922	3	81	715	365	5769	14,1	239,1	1676	4,15	Ⓛ
1925	1	85	700	365	5485	15,0	222,9	1487	4,06	Ⓛ
1916	8	91	738	365	5015	13,7	241,4	1863	4,71	Ⓛ
1920	3	93	702	300	3402	11,3	168,8	1591	4,76	L
1921	3	84	613	320	4811	15,0	228,8	1711	4,75	Ⓛ
1923	3	92	723	320	4391	13,7	172,6	1600	3,80	L
1922	2	95	758	365	4849	13,2	210,7	1971	4,35	Ⓛ
1922	2	96	809	365	4194	11,4	161,1	1736	3,75	L
1922	2	93	743	365	4575	12,5	189,1	1506	4,13	Ⓛ
1923	2	87	728	365	4098	11,2	172,0	1476	4,17	L
1924	1	84	624	350	4281	12,2	157,3	1382	3,54	L
1925	1	83	612	350	4067	11,6	183,9	1274	4,52	Ⓛ
1924	1	92	765	365	3830	10,4	182,5	1196	4,78	Ⓛ
1920	4	84	—	365	5892	16,1	230,0	2345	3,90	Ⓛ
1921	3	84	—	365	4664	12,7	194,5	1653	4,16	L
1920	4	86	—	365	4786	12,9	183,8	1668	3,84	L
1921	4	84	—	250	4691	18,7	—	2573	*	L
1917	6	91	—	300	5904	19,7	234,9	2217	3,97	Ⓛ
1921	4	86	—	250	4446	17,7	192,8	2227	4,31	L
1923	3	84	720	365	6323	15,6	235,9	2088	3,72	Ⓛ
1919	5	82	565	365	4480	12,2	166,5	1442	3,71	L
1921	4	86	668	365	6223	15,3	250,9	1958	4,02	Ⓛ
1923	3	87	650	365	5279	14,4	213,0	1657	4,03	Ⓛ
1923	2	93	685	365	4552	12,4	160,7	1516	3,53	L
1920	4	88	765	365	5072	13,7	191,3	1932	3,77	L
1919	6	84	730	330	5229	13,9	212,5	2064	4,06	Ⓛ
1919	6	83	706	365	5475	15,0	177,3	2228	3,28	Ⓛ
1922	3	84	617	296	4486	15,1	202,8	1959	4,52	Ⓛ
1917	6	82	620	365	5175	14,1	195,4	1616	3,77	Ⓛ
1917	7	87	731	365	4873	13,5	194,0	1655	3,98	L
1923	2	88	—	330	4246	12,8	170,3	1467	4,00	L
1918	6	87	—	250	4571	18,0	149,9	1935	3,28	L
1917	6	85	—	365	5698	15,6	—	1899	*	Ⓛ
1915	8	88	735	330	5031	15,0	—	1736	*	Ⓛ
1919	5	83	670	365	7351	20,1	258,6	2244	3,52	Ⓛ
1921	3	86	670	365	6016	16,4	192,2	1686	3,18	Ⓛ
1922	3	84	—	365	5711	15,6	—	1927	*	Ⓛ
1920	4	83	—	365	6092	14,9	237,0	2046	3,90	Ⓛ
1922	3	84	650	365	5333	14,6	214,8	1780	4,02	Ⓛ
?	?	?	?	365	5614	15,4	211,8	2025	3,77	Ⓛ
1919	6	87	700	365	5155	14,1	208,1	2251	4,03	Ⓛ

Syndicat d'élevage	Propriétaire	Nom de la vache	N° à la corne	Marque métallique N° et inscription
Jegenstorf	Rufer frères	Bethli	606	—
»	Bütikofer Fritz	Flora II	667	—
»	Rufer frères	Paula	682	—
»	Aeberhard Erwin	Veiel	687	—
»	Aeberhard Fritz	Bijou	701	—
»	»	Zia	727	—
»	Rufer frères	Kander	739	—
»	»	Finet	740	—
»	»	Berge	?	—
Interlaken	Gafner Joh.	Flora	645	—
»	Abbühl frères	Vion	651	—
Kirchlindach	Etter frères	Fink	519	—
»	Grimm Fritz	Husar	613	—
»	»	Sophie	644	—
»	Lehmann frères	Freude	650	—
»	Grimm Fritz	Walde[2])	670	41 K'lindach
»	Asile Nüchtern	Fanny	680	—
»	Schnell Fritz	Junker I	689	—
»	Grimm Fritz	Hilda	720	—
Langenthal	Schürch Fritz	Vreni	256	—
Lenk I	von Känel Emil	Meiel[2])	646	—
»	»	Scheck[2])	739	—
»	»	Barone[2])	960	—
»	»	Fürst[2])	988	—
Lützelflüh	Bärtschi Joh.	Specht	791	—
»	Bärtschi Armin	Cina	915	—
Meikirch	Etter Emile veuve	Donau	936	—
»	Schlup Alex.	Wildi	1088	—
»	»	Kläri	1128	—
Mittleres Gürbetal	Schweingruber Ad.	Junker	328	—
»	Fahrni Karl	Gemse	344	—
Münsingen	Asile cantonal d'aliénés	Blume	551	—
»	Ecole d'agr. Schwand	Wespi	617	—
»	»	Zingel	673	—
»	Asile cantonal d'aliénés	Kroni	701	—
»	»	Kroni II	724	—
Muri-Gümligen	Kunz Joh.	Adler	470	—
»	»	Blösch I	478	—
Oberdiessbach	Schneiter frères	Bläss	651	—
Oberhasli	Graber Pirmin	Pfau	7	—
»	Michel Fritz	Adele	81	—
»	»	Graf	103	—
»	»	Schilt[2])	129	—
Oberwil i. S.	Portner Joh.	Hulda	381	—
Oesch	Ursenbacher Fritz	Kläri	906	—
»	Kilchenmann Th.	Lande	994	—
»	Wyss Joh.	Fortuna	1005	—
»	Kilchenmann Th.	Bethli	1045	—
»	Wyss Joh.	Edelweiss	1081	—
Oschwand	Fankhauser Fritz	Falk	493	—
»	Wälchli Paul	Veiel	615	—
Pohlern	Wenger famille	Hirz	494	—
»	Gassner Gottfr.	Fürst	501	—
»	Messerli Karl	Krone	506	—

Année de naissance	Nombre de vêlages	Nombre de points	Poids vif moyen	Nombre de jours de traite	Rendement par période de lactation			Rendement de lait pendant les 100 premiers jours	Teneur moyenne en graisse	Marque de bonne laitière
					Lait		Graisse			
					Total	par jour	Total			
			kg		kg	kg	kg	kg	%	
1919	5	83	660	365	7188	18,0	265,7	2438	3,69	(𝔏)
1921	3	80	—	365	5373	14,7	225,4	1880	4,19	(𝔏)
1922	3	83	—	365	6273	17,1	265,6	1758	3,63	(𝔏)
?	?	?	690	365	5495	15,0	239,8	1775	4,36	(𝔏)
1920	4	86	—	365	5189	14,2	214,2	1631	4,12	(𝔏)
1922	2	87	—	365	5218	14,3	194,2	1710	3,72	(𝔏)
1922	3	91	680	330	4150	12,5	185,6	1892	4,45	𝔏
1923	2	90	750	365	4313	11,8	178,2	1525	4,13	𝔏
1919	5	—	670	365	5654	15,4	240,9	2103	4,26	(𝔏)
1918	7	82	702	365	6989	18,9	275,4	2338	4,00	(𝔏)
1917	7	87	—	365	5006	13,7	193,3	1463	3,86	𝔏
1920	4	83	—	320	5009	15,6	219,4	2002	4,38	(𝔏)
1921	3	84	—	365	5504	15,0	220,9	1956	4,00	(𝔏)
1922	3	86	—	350	5872	16,7	249,1	1876	4,26	(𝔏)
1922	2	82	721	365	6695	18,3	237,8	2330	3,60	(𝔏)
1924	1	91	—	365	3896	10,6	168,7	1373	4,30	𝔏
1922	2	86	680	365	5306	14,5	235,1	1609	4,42	(𝔏)
1921	2	89	—	365	4845	13,5	192,8	1731	3,87	𝔏
1924	1	87	—	365	5539	15,1	213,6	1659	3,85	(𝔏)
1921	3	85	—	365	4919	13,4	195,2	1420	3,86	𝔏
1915	9	94	580	250	4542	18,1	—	2020	*	𝔏
1918	6	85	620	265	4513	17,0	161,3	1792	3,57	𝔏
1921	5	84	602	235	4049	17,2	—	2032	*	𝔏
1921	3	83	650	340	4820	14,1	148,1	1747	3,07	(𝔏)
1920	6	87	790	365	4413	12,2	202,2	1417	4,57	(𝔏)
1919	5	87	755	365	5617	15,3	222,9	1609	3,89	(𝔏)
1919	4	81	650	290	4537	15,6	174,5	2054	3,84	𝔏
1923	3	85	650	365	5106	13,9	242,1	1703	4,74	(𝔏)
?	?	?	800	365	5133	14,0	213,0	1700	4,14	(𝔏)
1921	2	81	680	365	5359	14,6	210,2	1585	3,84	(𝔏)
1924	2	82	590	365	4937	13,5	181,4	1564	3,67	𝔏
1919	5	89	—	365	4211	11,5	172,7	1313	4,10	𝔏
1921	4	85	—	365	4974	13,6	181,3	1990	3,64	𝔏
1922	2	87	671	365	4610	12,6	170,7	1617	3,70	𝔏
1917	5	89	799	330	4559	13,8	166,6	1729	3,65	𝔏
1922	2	88	—	365	3750	10,2	166,5	1186	4,45	𝔏
1918	6	85	—	365	4761	13,0	—	1816	*	𝔏
1919	5	91	—	300	5812	17,0	239,2	2547	4,11	(𝔏)
1918	6	84	670	318	4440	13,9	197,4	1585	4,44	𝔏
1917	6	84	642	365	4948	13,5	166,5	1317	3,36	𝔏
1921	4	83	—	365	5866	16,0	202,3	1873	3,44	(𝔏)
1918	6	83	620	365	5525	15,1	233,7	1883	4,31	(𝔏)
1921	2	83	678	365	4199	11,5	151,3	1350	3,60	𝔏
1918	5	93	—	300	4629	13,3	222,1	2009	4,69	(𝔏)
1919	4	81	—	311	4727	15,1	140,2	2034	2,96	𝔏
1919	4	87	—	365	4653	12,7	159,1	1355	3,42	𝔏
1922	3	86	—	320	4673	14,6	160,5	1632	3,43	𝔏
1920	4	87	—	365	4567	12,5	167,3	1428	3,66	𝔏
1923	3	86	—	300	4120	13,7	171,9	1613	4,17	𝔏
1918	7	85	610	365	5705	15,6	215,4	1663	3,70	(𝔏)
1921	3	83	640	365	5951	14,7	209,5	1827	3,51	(𝔏)
1920	3	89	—	365	6164	15,1	265,8	2525	4,31	(𝔏)
1922	3	92	—	300	4596	15,3	184,2	1600	4,01	𝔏
1921	3	85	705	365	4875	13,3	196,8	1420	4,03	(𝔏)

Syndicat d'élevage	Propriétaire	Nom de la vache	N° à la corne	Marque métallique N° et inscription
Pohlern	Schwendimann Fr.	Fürst	530	—
Reidenbach-Schwarzen-	Gerber Fritz	Lotte²)	404	—
matt	Ueltschi Jakob	Miggi²)	406	—
»	Allemann Joh.	Junker	544	—
Ried près Schlosswil	Moser Fritz	Schütz	654	—
Riggisberg	Zehnder Fritz	Küng	556	—
»	Berger Gebr.	Falk	616	—
»	»	Betli	681	—
Rubigen	Schneider Hans	Draga	425	—
»	Sidler Alfred	Krone	445	—
»	»	Räbi	452	—
Saanen	von Grünigen Arn.	Blume²)	284	—
»	Haldi Ulr.	Prinz²)	350	—
Saanen II	von Siebenthal Arn.	Veiel²)	85	—
Saanenmöser	Wehren Rud.	Schwalbe²)	244	—
»	»	Bethly²)	278	—
Schüpfen	Minger Rud.	Flori	505	—
»	Stämpfli Rud.	Nägel	539	—
»	Stähli-Brunner famille	Küng	597	—
»	Stämpfli Fritz	Gülde	603	—
»	Stähli-Brunner famille	Gülde	645	—
»	Stähli Willy	Junker	686	4092 Bern
Seedorf près Aarberg	Lauper Hermann	Baron	258	—
»	»	Tulipa	393	—
Sigriswil	Tschanz Gottfr.	Vrena	25	—
»	Schiffmann Ernst	Prinz	92	—
Sumiswald	Held Alfred	Pisa	1095	87 Sumisw.
»	»	Pia	1146	145 Erlenb.
Uetendorf	Messerli Otto	Lerch	409	—
»	Lanz Hermann	Brütli	512	—
Uettligen	Hutmacher Fritz	Charlotte	384	—
»	Reber Alex.	Veiel	431	—
»	»	Lerch	452	—
»	Leu Ad.	Diana	462	—
»	Reber Alex.	Rundi	504	—
Weissenbach i. S.	Zeller Jakob	Rosa	568	—
Wimmis	Wenger Ernst	Alice²)	1197	—
Wohlen	Baumann A.	Bella	500	—
Worb	Bernhard Fritz	Viktoria	1002	—
»	Bürki frères	Luste	1265	2364 Bern
Zimmerwald	Schmutz Alb.	Laura	1210	—
»	Schmutz Ernst	Lea	1214	—
»	»	Adler	1320	—
»	Guggisberg Ernst	Graf	1418	—
»	»	Runde	1436	—
»	Schmutz Albert	Leai	1448	—
Zweisimmen II	Bächler Sam.	Flora²)	14	—
»	Teuscher Jakob	Krone²)	110	—
Alterswil	Zurkinden Jos.	Charlotte	1089	—
»	Gross Johann	Gemschi	1117	—
Avry-sur-Matran	Stauffer frères	Mignonne	337	—
Bellechasse	Pénitencier Bellechasse	Bambine	218	—
»	»	Caméline	239	—
Belfaux	Wyss Adrien	Damette	1043	—

Année de naissance	Nombre de vêlages	Nombre de points	Poids vif moyen	Nombre de jours de traite	Rendement par période de lactation: Lait Total	Lait par jour	Graisse Total	Rendement de lait pendant les 100 premiers jours	Teneur moyenne en graisse	Marque de bonne laitière
			kg		kg	kg	kg	kg	%	
1922	3	90	—	340	6646	19,5	306,9	2069	4,62	Ⓛ
1920	5	90	—	365	4419	12,1	188,7	1402	4,27	Ⓛ
1919	4	87	—	345	5769	16,6	231,9	1994	4,02	Ⓛ
1923	2	80	—	365	4767	13,0	187,2	1386	3,81	L
1918	2	84	688	332	5097	15,3	228,2	1790	4,48	Ⓛ
1920	4	85	705	365	5817	15,9	230,4	2208	3,97	Ⓛ
1921	3	83	692	365	4621	12,6	181,1	1463	3,91	L
1922	2	83	663	365	4625	12,6	224,0	1893	4,72	Ⓛ
1921	4	83	620	365	5142	14,1	188,9	1654	3,67	L
1918	4	91	—	365	5246	14,4	227,9	1922	4,34	Ⓛ
1921	4	82	—	365	5260	14,4	209,6	2429	3,95	Ⓛ
1922	3	90	780	365	5519	15,1	183,2	2109	3,32	Ⓛ
1916	6	87	690	365	5793	15,0	203,0	1621	3,50	Ⓛ
1913	9	92	—	329	4945	15,0	182,3	1770	3,69	Ⓛ
1922	3	87	611	280	4106	14,6	171,4	1697	4,17	L
1920	3	87	641	320	4078	12,7	157,2	1413	3,85	L
1917	6	82	697	357	4780	13,4	177,7	1889	3,72	L
1913	9	84	700	365	5256	14,4	207,9	1406	3,95	Ⓛ
1920	4	86	703	365	5143	14,0	205,5	2030	3,99	Ⓛ
1921	4	84	895	365	6608	16,3	267,0	2178	4,03	Ⓛ
1923	2	90	850	330	4811	14,5	175,8	1500	3,65	L
1924	2	90	730	365	5261	14,4	221,3	1608	4,20	Ⓛ
1918	6	86	727	365	5450	14,9	194,0	1768	3,57	Ⓛ
1921	3	81	777	365	4954	13,5	168,1	1450	3,40	L
1917	8	84	615	365	6328	17,3	254,8	1964	4,02	Ⓛ
1923	3	86	625	365	4242	11,6	170,6	1449	4,02	L
1924	2	88	630	365	4609	12,6	162,3	1323	3,52	L
1924	2	90	630	365	5769	15,8	200,9	1957	3,48	Ⓛ
1919	4	84	697	365	6505	16,0	265,9	1940	4,09	Ⓛ
1922	3	88,5	625	365	6021	16,5	217,5	2117	3,61	Ⓛ
1917	5	86	750	365	5203	14,2	212,2	1806	4,06	Ⓛ
1920	5	91	695	310	5590	14,5	223,4	2043	3,99	Ⓛ
?	?	?	790	326	4952	15,1	196,9	2050	3,97	Ⓛ
1921	3	87	760	300	4800	15,3	200,0	1922	4,16	Ⓛ
1921	4	84	645	250	4323	17,0	204,4	2097	4,72	Ⓛ
1919	5	89	693	365	5237	14,3	225,0	1697	4,29	Ⓛ
1919	5	89	—	365	5879	16,1	226,9	1842	3,88	Ⓛ
1920	5	83	—	330	4928	14,9	176,9	2343	3,57	L
1919	5	88	710	365	4666	12,7	174,2	1747	3,73	L
1923	2	88	649	365	6678	16,5	265,6	2148	3,86	Ⓛ
1918	5	85	—	300	4991	14,3	185,4	1956	3,72	L
1918	5	88	—	365	5728	15,7	222,1	1697	3,81	Ⓛ
?	?	88	—	365	5387	14,3	223,5	1700	4,14	Ⓛ
1920	4	82	—	365	5162	14,1	196,9	1644	3,72	L
1920	4	83	—	365	4691	12,8	221,4	1386	4,60	Ⓛ
?	?	87	—	300	4798	15,7	160,9	1820	3,35	L
1918	5	91	660	318	4431	13,9	184,5	1553	4,18	Ⓛ
1921	3	87	625	365	5442	14,6	213,1	1893	3,90	Ⓛ
1923	2	78	—	365	5878	16,1	299,3	1824	5,10	Ⓛ
1922	3	78	—	340	5793	15,1	279,0	1871	4,08	Ⓛ
1922	2	85	705	365	6126	16,8	210,3	1958	3,43	Ⓛ
1922	4	84	607	365	4584	12,5	189,2	1470	4,12	L
1923	3	80	700	365	4303	11,8	168,4	1597	3,90	L
1919	5	75	750	365	6041	16,5	289,7	1867	4,79	Ⓛ

Syndicat d'élevage	Propriétaire	Nom de la vache	N° à la corne	Marque métallique N° et inscription
Belfaux	Zahnd Ernest	Flori	1086	—
»	»	Adler	1174	—
»	Tinguely Jos.	Turlipan	1242	—
Châtelard	Oberson Emile	Drapeau	244	—
»	Gobet Maurice	Dametta	369	—
»	Rey Auguste	Colomba	528	—
»	Oberson Emile	Joyeuse	554	—
»	Rey Auguste	Drapeau	763	—
Düdingen	Roggo Jakob	Blöschi	1310	—
»	Michel Fritz	Mai	1680	—
»	Glauser G.	Bella	1898	—
»	Pürro Jakob	Blösch	1928	—
»	Rossier frères	Oiseau	2124	—
»	»	Comtesse	2125	—
»	»	Diane	2128	—
Fribourg	Blaser Fritz	Blondine	1160	—
»	Blaser Hans	Hirz	1186	—
»	Blaser Fritz	Doggi	1219	—
»	»	Vreni	1261	17930 Frib.
Grangeneuve	Ecole d'agriculture	Boulette	337	18737 Frib.
Gruyères	Gremion Jean	Biche	550	—
Heitenried	Aebischer famille	Dami	1122	19968 Frib.
»	Portmann Joh.	Adler	1286	22869 Frib.
»	Vögeli Chr.	Graf	1359	27764 Frib.
»	Fasel Isidor	Friesli	1373	—
»	Zbinden Joh.	Baron	1391	—
»	»	Schägg	1424	—
»	Mathys Emil	Rosi	1438	—
»	Vögeli Chr.	Schwalbe	1453	—
»	Ackermann Jb.	Nachtigall	1463	28206 Frib.
»	Vonlanthen Martin	Tuba	1468	—
Marly	Cochard Jules	Verdière	697	16503 Frib.
»	de Boccard R.	Plaisante	894	—
»	Cochard Jules	Lionne	993	25703 Frib.
Montagny	Francey Oscar	Dora	1094	—
»	Joye Eugène	Bouquet	1120	—
»	Dougoud Charles	Patrie	1172	—
»	Francey Oscar	Fleurette	1247	28606 Frib.
»	Dougoud Charles	Maggi	1255	—
Morat	Bächler Hans	Elbe	866	15776 Frib.
»	Asile des vieillards Jeuss	Rösi	871	16868 Frib.
»	Bächler Hans	Bär	948	—
»	Herren Daniel	Junker	987	—
»	Stoll Walter	Freude	1025	—
»	Bächler Hans	Strauss	1062	26139 Frib.
»	Stoll Fr.	Bethli	1066	27402 Frib.
Riaz	Pugin Olivier	Chinthion	1238	—
»	Gremaud Cas.	Sahra[2])	1281	25434 Frib.
Ried, lac	Gutknecht Joh.	Lusti	489	—
»	Gutknecht veuve	Bethli	509	—
»	Mäder Fritz	Taube	535	—
»	Etter Sl.	Kaiser	555	29957 Frib.
»	Gutknecht Joh.	Schägg	576	—
Schmitten	Krummen Fritz	Gemse	2634	12281 Frib.

Année de naissance	Nombre de vêlages	Nombre de points	Poids vif moyen	Nombre de jours de traite	Rendement par période de lactation — Lait — Total	Rendement par période de lactation — Lait — par jour	Rendement par période de lactation — Graisse — Total	Rendement de lait pendant les 100 premiers jours	Teneur moyenne en graisse	Marque de bonne laitière
			kg		kg	kg	kg	kg	%	
1921	2	84	—	280	4548	16,2	174,1	2034	3,82	𝔏
1923	2	78	661	365	4548	12,4	183,8	1776	4,04	𝔏
1918	6	80	662	365	5404	14,8	203,2	2151	3,76	(𝔏)
1917	7	80	750	365	6170	16,9	250,7	2331	4,06	(𝔏)
1919	5	74	—	365	7006	19,1	248,2	1996	3,53	(𝔏)
1922	3	77	550	365	6818	18,4	255,8	2000	3,70	(𝔏)
1921	4	76	530	365	5377	14,7	223,6	2282	4,16	(𝔏)
1923	1	80	540	365	6212	17,0	278,0	1793	4,47	(𝔏)
?	?	?	?	365	5476	15,0	248,2	2356	4,53	(𝔏)
1919	3	86	700	365	5192	14,2	208,6	1616	4,01	(𝔏)
1922	4	74	—	300	4649	15,5	170,6	1850	3,66	𝔏
1923	2	86	—	365	4799	13,1	170,4	1656	3,55	𝔏
1922	2	90	760	365	5538	15,1	247,9	2388	4,48	(𝔏)
1921	4	86	760	365	6159	16,9	236,5	2324	3,81	(𝔏)
1920	4	90	740	365	4858	13,3	236,5	2254	4,76	(𝔏)
1918	5	90	—	365	6750	16,9	255,8	2111	3,74	(𝔏)
1920	3	82	—	365	6083	16,6	266,4	1889	4,38	(𝔏)
1920	5	87	—	365	6390	15,6	214,9	2220	3,36	(𝔏)
1918	5	87	—	300	5943	15,1	226,3	2614	3,81	(𝔏)
1919	6	77	—	330	4574	13,8	164,0	1719	3,58	𝔏
1918	6	85	710	275	5691	20,7	201,4	2562	3,87	(𝔏)
1920	5	76	580	365	5835	15,9	205,5	1841	3,52	(𝔏)
1921	3	84	—	365	5397	14,8	192,5	1846	3,56	(𝔏)
1923	2	86	700	300	4676	15,6	168,5	2143	3,60	𝔏
1923	2	81	—	365	5283	14,4	208,5	1980	3,94	(𝔏)
1920	4	86	—	365	5222	14,3	199,7	1840	3,82	(𝔏)
1920	4	76	—	365	6535	17,9	295,7	1856	4,53	(𝔏)
1923	2	82	—	365	5209	14,2	190,8	1536	3,65	(𝔏)
1923	1	87	—	365	4784	13,1	209,9	1670	4,37	(𝔏)
1923	2	78	—	319	4788	15,0	181,8	1811	3,79	𝔏
1921	4	82	—	365	5399	14,8	214,7	1809	3,99	(𝔏)
1918	5	91	748	365	6904	17,1	289,1	2469	4,17	(𝔏)
1922	4	82	620	365	4734	12,9	184,3	1771	3,89	𝔏
1922	3	81	—	313	4293	13,6	178,7	1557	4,16	𝔏
1918	5	80	743	365	6029	16,5	233,2	2245	3,80	(𝔏)
1920	3	78	691	365	4939	13,5	217,5	1831	4,40	(𝔏)
1922	3	78	570	365	4992	13,6	185,4	1625	3,71	𝔏
1923	2	80	560	365	4425	12,1	169,0	1586	3,81	𝔏
1921	2	80	606	365	4635	12,7	177,9	1549	3,84	𝔏
1917	6	81	663	365	4959	13,5	212,9	1697	4,28	(𝔏)
1918	6	86	735	365	6621	16,4	230,6	2481	3,53	(𝔏)
1919	3	87	642	365	7063	17,6	280,8	2166	3,56	(𝔏)
1919	6	80	705	365	5525	15,1	247,2	2081	4,47	(𝔏)
1919	5	80	638	365	6968	17,3	270,4	2100	3,90	(𝔏)
1922	2	84	678	365	5706	13,9	223,7	1636	3,92	(𝔏)
1923	3	80	—	270	5589	20,6	169,7	2447	3,03	(𝔏)
1920	3	85	670	365	6761	18,5	259,4	2085	3,79	(𝔏)
1922	3	92	640	365	5272	14,4	189,9	1604	3,60	(𝔏)
1920	4	78	649	365	5497	15,1	220,8	2655	4,02	(𝔏)
1919	4	85	720	365	6045	16,6	227,5	1651	3,76	(𝔏)
1923	2	86	670	365	4716	12,9	185,3	1755	3,79	𝔏
1924	2	83	730	365	5165	14,1	204,4	1898	3,96	(𝔏)
1922	3	82	718	365	4802	13,1	187,7	1743	3,90	𝔏
1916	8	85	—	365	5822	15,9	215,9	1791	3,66	(𝔏)

Syndicat d'élevage	Propriétaire	Nom de la vache	N° à la corne	Marque métallique N° et inscription
Schmitten	Portmann Ad.	Blumi	3363	—
»	Roggo Peter	Meise	3451	20852 Frib.
»	Nadenbousch Fritz	Bella	3491	—
»	Portmann Ad.	Freudi	3509	19031 Frib.
»	Marbach Fritz	Hirz	3546	—
»	Roggo frères	Valuta	3573	21447 Frib.
»	Roggo Peter	Freude	3577	—
»	Schnyder W.	Bär	3663	22933 Frib.
»	Roggo frères	Florida	3674	25375 Frib.
»	Krummen Fritz	Cuba	3695	24826 Frib.
»	Reidy Joh.	Bella	3709	—
»	Jungo Pius	Walda	3747	—
»	»	Sarah	3748	—
»	Schnyder R.	Trini	3765	—
»	»	Rosetti	3766	32015 Frib.
»	»	Gorgia	3767	—
»	Schnyder W.	Wächter	3771	—
»	Schnyder R.	Kander	3776	24733 Frib.
»	Reidy Joh.	Bella	3825	27856 Frib.
»	Nadenbousch Fritz	Baron	3890	27776 Frib.
»	Marbach Fritz	Hyppe	3894	28019 Frib.
»	»	Falk	3897	—
»	»	Kleb	3902	—
»	Guillebeau Albin	Miggi	3909	—
»	Roggo Peter	Fleck	3967	—
»	Schnyder R.	Nixe	3984	—
»	Jungo Pius	Schnuggi	3987	—
»	Marbach Fritz	Veiel	4008	—
»	»	Iris	4010	27946 Frib.
»	Reidy Joh.	Tschudi	4050	20792 Frib.
»	»	Hasi	4051	—
»	Marbach Fritz	Wächter	4092	—
»	»	Jümpferli	4096	—
»	Jungo Pius	Rossa	4112	—
Tafers	Gauch Jakob	Bella	899	17897 Frib.
»	»	Kaiser	1035	21693 Frib.
»	Brügger frères	Strauss	1054	—
»	Gauch Jakob	Wächter	1156	23558 Frib.
»	Brügger frères	Baron	1172	—
»	Dugrey Jos.	Schäggi	1210	—
»	Blanchard Jos.	Kanari	1274	25645 Frib.
»	Gauch Jakob	Berna	1328	30164 Frib.
»	Brügger frères	Kaiser	1373	—
Ueberstorf	Brülhard Karl	Originella	1461	19942 Frib.
»	»	Oberin	1624	—
»	»	Gemse	1632	—
»	»	Guldi	1782	28331 Frib.
Vuisternens-devant-Romont	Donzallaz Emile	Mayentze	998	27780 Frib.
	Chassot Benoit	Charmante	1011	—
»	Menoud Jos.	Clairette	1044	29052 Frib.
Wünnewil	Herren Gottfr.	Gudrun	572	24093 Frib.
»	»	Bethli	574	26436 Frib.
»	Perler Josef	Elekra	613	28454 Frib.
Rüttenen	Schürch Joh.	Lorly	426	58 Rüttenen

Année de naissance	Nombre de vêlages	Nombre de points	Poids vif moyen	Nombre de jours de traite	Rendement par période de lactation — Lait — Total	Rendement par période de lactation — Lait — par jour	Rendement par période de lactation — Graisse Total	Rendement de lait pendant les 100 premiers jours	Teneur moyenne en graisse	Marque de bonne laitière
			kg		kg	kg	kg	kg	%	
1918	5	90	—	300	4576	15,2	170,9	1788	3,73	£
1920	5	90	—	365	5585	15,3	200,8	1784	3,59	(£)
1920	5	84	—	365	4742	12,9	164,2	1547	3,45	£
1919	5	91	820	365	6353	17,4	236,2	2214	3,71	(£)
1918	3	94	—	365	5582	15,2	219,0	2060	3,92	(£)
1920	4	92	—	365	5849	16,0	197,5	2261	3,37	(£)
1917	8	87	—	320	5318	14,5	218,9	2066	4,11	(£)
1921	4	90	800	365	5800	15,8	191,7	1761	3,30	(£)
1922	2	86	731	365	5167	14,1	195,0	2023	3,77	(£)
1922	4	77	—	365	4407	12,0	190,3	1839	4,31	£
1922	3	76	—	365	6511	17,8	217,8	2307	3,39	(£)
1920	3	87	—	365	6462	17,7	236,8	2569	3,66	(£)
1920	3	86	—	365	5250	14,3	205,3	1578	3,91	(£)
1921	3	89	680	365	7088	19,4	268,9	2786	3,79	(£)
1921	4	90	740	250	4159	16,6	176,5	2094	4,24	£
1921	3	87	645	250	4304	17,0	197,8	2237	4,67	(£)
1921	3	90	750	365	6234	17,1	234,2	1917	3,76	(£)
1922	3	87	644	365	5655	15,4	224,3	1745	3,82	(£)
1923	2	81	—	365	5237	14,3	211,9	1902	4,04	(£)
1923	2	80	—	365	4847	13,2	209,1	1522	4,31	(£)
1923	2	88	—	365	4526	12,4	159,7	1805	3,52	£
1923	2	88	—	365	4256	11,6	177,9	1901	4,18	£
1919	2	84	—	365	5510	15,0	230,4	2263	4,17	(£)
1923	2	90	—	365	4459	12,2	191,5	1697	4,29	£
1918	5	82	—	300	4353	14,5	168,5	1762	3,87	£
1923	2	81	602	330	4827	14,6	180,5	1575	3,73	£
1923	2	77	—	365	4729	12,9	162,3	1452	3,43	£
1921	1	83	—	365	5238	14,3	203,9	1942	3,89	(£)
1923	2	88	—	365	4580	12,5	172,0	1286	3,75	£
1920	3	82	—	320	5990	16,5	253,6	2351	4,23	(£)
1922	1	81	—	300	4888	16,2	162,9	1925	3,33	£
1922	5	85	—	365	5407	14,8	204,6	2008	3,78	(£)
1921	4	91	—	365	5565	15,2	226,2	1898	4,06	(£)
1920	4	78	—	365	5353	14,6	180,2	1679	3,36	(£)
1918	6	85	587	255	5022	19,1	195,9	2171	3,90	(£)
1920	4	86	630	355	6610	18,6	225,1	2031	3,41	(£)
1919	3	82	637	365	5248	14,3	197,7	1907	3,78	(£)
1921	2	88	821	365	4794	13,1	187,4	1941	3,91	£
1922	2	84	—	365	4700	12,7	193,0	1647	4,10	£
1923	2	84	732	365	6534	17,9	272,5	1846	4,17	(£)
1922	2	85	531	365	4390	12,0	170,9	1365	3,89	£
1924	2	78	595	365	5166	14,2	221,6	1811	4,12	(£)
1921	4	88	793	275	4876	17,9	—	2094	*	£
1920	5	95	—	365	7150	19,5	240,5	2150	3,39	(£)
1921	4	83	—	365	6433	15,7	215,6	2149	3,35	(£)
1921	2	85	—	242	4685	19,3	157,7	2100	3,36	£
1923	2	90	—	365	5980	16,4	218,9	1763	3,59	(£)
1923	4	86	830	365	5861	14,3	237,0	1936	4,04	(£)
1919	4	93	916	365	7156	19,6	325,1	2293	4,54	(£)
1923	2	82	617	365	4913	13,4	214,9	1434	4,37	(£)
1921	3	86	—	365	6375	15,7	214,8	2009	3,43	(£)
1922	2	90	725	365	5168	14,1	220,4	1856	4,26	(£)
1923	2	88	765	365	5310	14,5	215,3	1720	4,05	(£)
1920	4	78	—	365	4926	13,5	177,9	1753	3,61	£

Syndicat d'élevage	Propriétaire	Nom de la vache	N° à la corne	Marque métallique N° et inscription
Schnottwil	Schluep Ernst	Blume	469	—
»	Schluep Walter	Kaiser	472	—
Buus	Ritter frères	Lenz	313	—
»	Nyffeler Fritz	Falk	367	—
»	Ritter Wilh.	Meiel	429	—
Diegtertal	Stauffenegger Fr.	Bethli	243	—
»	»	Flori	305	—
»	Dill-Nebiker G.	Spiess	325	—
»	Stauffenegger Fr.	Veiel	376	110 Diemt.
Langenbruck	Dettwiler Ad.	Rösli	181	85 Langenbr.
Reigoldswil	Preiswerk K.	Leni	414	131 Reigoldswil
Waldenburgertal	Wisler Ulr.	Nelly	552	—
»	»	Grittli	554	—
»	Degen G.	Fleck	582	—
»	»	Zingel	583	—
»	Schweizer Ad.	Lotti	611	—
»	Wisler Ulr.	Freudi	614	—
»	Degen Gottl.	Rosi	643	—
Kölliken	Suter Ad.	Schäck	399	—
Rued	Mauch Gottl.	Freudi	460	—
»	Goldenberger H.	Miggi	610	—
»	Häfeli Fritz	Hirzi	615	—
»	Müller Rud.	Flori	621	—
»	Frey J. u. K.	Helvetia	668	—
Schöftland	Frey J. u. R.	Adler	792	—
»	Lüthi Hans	Schöftli	841	—
Seetal	Baumann-Kunz J.	Troya	805	—
Ebersecken	Asile St-Urban	Pfau	1000	—
»	»	Dachs	1026	—
»	Asile Pfaffnau	Wolf	1031	—
»	Asile St-Urban	Wilna	1052	781 Eberseck.
»	Schürch J.	Stär	1121	—
»	Asile Pfaffnau	Freudi	1190	—
Brenles-Chesalles-Sarz.	Gavin Emile	Blondine	270	—
Cuarny	Gondoux frères	Veléda	26	—
»	Péguiron Adrien	Papillon	48	—
»	Gondoux frères	Merlette	51	—
»	Péguiron frères	Fleurette II	52	—
»	Gondoux frères	Collette	73	—
»	Christin frères	Merlette	96	—
La Tour-de-Peilz	Henry Auguste	Venus	4	—
Marchissy	Humbert-Coindet Jules	Pouponne	296	—
Monts de Lavaux	Colomb frères	Zita	233	—
»	»	Colombe	300	26049 Frib.
Puidoux-Chexbres	Bovy Henri	Papillon	168	—
»	Chevalley Ami	Flora II	212	—
»	Chevalley fils	Friponne	283	—
»	Cossy Ed.	Framboise	346	—
»	»	Chamois	348	—
Vuarrens	Narbel Constant	Drapeau	227	—
»	Despland Jules	Adler	252	—
»	Narbel Constant	Joyeuse	276	—
»	»	Colombine	310	11 Vuarrens
»	Despland Jules	Pinson	316	—

Année de naissance	Nombre de vêlages	Nombre de points	Poids vif moyen	Nombre de jours de traite	Rendement par période de lactation — Lait Total	Lait par jour	Graisse Total	Rendement de lait pendant les 100 premiers jours	Teneur moyenne en graisse	Marque de bonne laitière
			kg		kg	kg	kg	kg	%	
1923	2	79,5	—	365	5899	16,1	210,3	1716	3,63	(£)
1921	3	82	676	365	4450	12,2	178,4	1592	4,00	£
1919	5	77,5	—	365	4441	12,1	180,9	1633	4,07	£
1921	3	80,5	671	365	5264	14,4	191,5	1979	3,63	(£)
1923	3	81	—	365	4593	12,5	177,4	1429	3,86	£
1921	4	78	662	365	5291	14,5	216,0	1550	4,08	(£)
1923	2	78	645	365	5200	14,2	174,7	1521	3,38	(£)
1923	2	76	710	365	5725	15,6	189,3	1848	3,31	(£)
1924	2	76	548	365	4961	13,5	204,4	1448	4,12	(£)
1919	4	86	—	365	4522	12,4	254,6	1754	4,42	(£)
1919	4	81	—	365	5413	14,8	208,8	1910	3,86	(£)
1919	5	79,5	637	365	4001	10,9	173,8	1373	4,34	£
1920	3	82	700	365	4678	12,8	156,5	1448	3,34	£
1920	4	78,5	690	365	7572	19,0	303,9	2414	4,01	(£)
1921	4	76,5	683	365	5056	13,8	189,8	2130	3,75	£
1922	3	78,5	635	365	5585	15,3	201,8	1847	3,53	(£)
1922	3	76,5	676	365	4741	12,9	—	1739	*	£
1922	2	77,5	—	365	5575	15,2	200,7	1833	3,60	(£)
1921	4	82	—	280	4402	15,7	176,9	1940	4,02	£
1916	7	78,5	—	350	3615	10,3	167,3	1592	4,62	£
1920	3	85	—	250	4446	17,5	172,2	1966	3,87	£
1917	6	79	—	250	5096	20,0	215,4	2260,	4,22	(£)
1921	3	78	—	300	4480	15,0	170,0	1760	3,79	£
1922	3	78	—	214	4318	20,2	—	2288	*	£
1922	2	81,5	734	300	3926	13,0	173,6	1640	4,42	£
1921	4	84	640	365	4684	12,8	171,4	1851	3,54	£
1919	4	77	805	300	5023	16,7	—	1894	*	£
1918	4	78,5	—	365	5363	14,7	231,8	1657	4,32	(£)
1919	3	86	—	365	5929	16,2	234,6	1909	3,86	(£)
1919	4	80,5	—	365	4795	13,1	190,7	1883	3,98	£
1922	2	87	—	365	6185	16,9	232,1	1932	3,75	(£)
1920	5	81,5	—	365	6017	16,4	206,6	2108	3,44	(£)
1915	8	?	—	365	5897	16,1	279,3	2127	4,04	(£)
1921	3	77	692	365	4789	13,1	212,0	1684	4,42	(£)
?	?	?	680	365	5580	15,3	204,7	1748	3,67	(£)
1918	6	79	648	365	5342	14,6	225,2	1633	4,21	(£)
1920	5	88	838	365	6620	16,3	237,8	2208	3,59	(£)
1920	5	85	820	365	5480	15,0	169,4	2116	3,09	(£)
1922	2	80	744	300	4588	15,2	168,9	1986	3,68	£
1923	2	86	725	365	5634	15,4	203,7	1836	3,61	(£)
1917	8	78	—	300	5493	18,3	234,8	2325	4,28	(£)
1920	4	80	590	365	4903	13,3	213,2	1919	4,35	(£)
1921	4	84	730	365	4729	12,9	181,5	1366	3,83	£
1922	2	75	620	365	5767	15,4	213,8	1881	3,70	(£)
1924	1	83	—	365	5838	15,9	—	1957	*	(£)
?	?	?	—	296	5429	15,2	192,1	2337	3,54	(£)
1920	3	85,5	—	365	4861	13,3	200,4	1931	4,12	(£)
1921	4	77	—	365	5224	14,3	208,7	1750	3,98	(£)
1922	3	77	—	330	4380	13,2	181,2	1785	4,13	£
1922	3	85	—	365	5251	14,3	210,0	1766	3,99	(£)
1923	3	84	822	365	5319	14,5	205,1	1789	3,90	(£)
1923	2	78	700	365	4818	13,2	210,5	1386	4,36	(£)
1924	1	86	680	365	4273	11,7	177,1	1236	4,14	£
1923	2	82,5	685	365	4147	11,3	182,7	1460	4,40	£

Syndicat d'élevage	Propriétaire	Nom de la vache	N° à la corne	Marque métallique N° et inscription
Boudry-Est	Hospice cantonal	Diana	479	108 B. E.
»	Udriet Georges	Junker	539	—
»	Hospice cantonal	Facile	567	167 B. E.
»	»	Fauchette	571	162 B. E.
La Béroche	Nussbaum A.	Graf	854	—
»	Burgat Chs.	Fauvette	912	—
La Chaux-de-Fonds	Gerber Paul	Denise	817	—
Val-de-Ruz	Soguel Charles	Chamois	1388	—
»	Chollet Paul	Lisette	1623	—
»	Coulet André	Fleurette	1713	970 Val-de-Ruz
»	Geiser Ulysse	Georgette	1772	—
»	Fallet Paul	Chevreuil	1787	—
»	Ecole cant. d'agr. Cernier	Légende	1793	1026 Val-de-Ruz
»	Ecole cant. d'agr. Cernier	Joyeuse	1802	979 Val-de-Ruz
»	Soguel Charles	Cocarde	1824	—
Dardagny-Russin	Desbaillet Paul	Expresso	162	65 Genève
»	Hutin Eduard	Charlotte	290	—

Année de naissance	Nombre de vêlages	Nombre de points	Poids vif moyen	Nombre de jours de traite	Rendement par période de lactation — Lait — Total	Rendement par période de lactation — Lait — par jour	Rendement par période de lactation — Graisse Total	Rendement de lait pendant les 100 premiers jours	Teneur moyenne en graisse	Marque de bonne laitière
			kg		kg	kg	kg	kg	%	
1921	4	78	710	365	5187	14,2	196,2	1775	3,78	Ⓛ
1922	3	86	725	365	6734	18,4	278,8	2640	4,14	Ⓛ
1923	4	76	640	365	4891	13,4	195,4	1660	3,91	L
1923	2	81	740	353	5096	14,4	183,4	1927	3,59	L
1922	3	87	710	365	6404	15,9	230,7	2139	3,61	Ⓛ
1919	3	81	680	365	5966	16,3	215,9	1737	3,61	Ⓛ
1922	3	80	—	365	4790	13,1	189,1	1852	3,94	L
1920	4	82	645	365	5374	14,7	216,4	1644	4,03	Ⓛ
1922	2	78	—	365	4376	11,9	179,6	1394	4,10	L
1922	2	77	705	365	5763	14,0	205,0	2146	3,55	Ⓛ
1922	3	78	—	280	4320	15,4	189,5	1736	4,39	L
1923	2	75	—	365	5559	15,2	248,6	2017	4,46	Ⓛ
1923	1	82	750	365	5401	14,6	230,9	1532	4,27	Ⓛ
1922	2	87	790	365	4006	10,9	171,4	1254	4,27	L
1923	2	80	—	330	4870	14,7	192,9	1772	3,97	L
1920	2	90	838	365	5426	14,8	207,6	1738	3,82	Ⓛ
1920	5	86	—	365	6349	15,8	269,0	2247	4,23	Ⓛ

Liste des syndicats fédérés, en 1929.

Remarque. Si les noms du président et du secrétaire ne sont pas suivis de l'indication du domicile, ce dernier concorde avec le siège du syndicat.

No.	Syndicats	Président	Secrétaire	Nombre de membres	Animaux inscrits au registre	
					mâles	femelles
		Canton de Berne				
1	Adelboden	Oester Gottfried, Gilbach	Pieren Wilhelm, père	27	2	84
2	Aeschi près Spiez	Müller Hans, député, Mauer	Ruegsegger Ed., Stygen	19	3	128
3	Aeschiried	von Känel Chr.	Lengacher Fr., Ebenen	31	1	77
4	Affoltern i. E. et environs	Bieri Fritz, Schandeneich, Mühleweg	Kühni Paul, Juch	21	2	157
5	Alchenflüh et environs	Schwander Karl, Rüdtligen	Hofer Hans	7	4	75
6	Allmendingen près Rubigen	Wüthrich-Bögli Fritz	Wüthrich Fritz, fils	8	2	76
7	Amsoldingen	Gfeller Hans, Schlossgut	Bruni Fritz, Hurschgasse	23	3	162
8	Arni près Biglen	Wiedmer Fritz, Eimatt	Eichenberger Otto, Moosegg	17	1	53
9	Beatenberg	Grossniklaus Christian, Schorren	Grossniklaus-Feuz Emil	32	1	58
10	Belp	Balsiger Fritz, Rössli	Gfeller Fr., Steinbach	22	3	165
11	Biglen	Bigler Fritz, Entlebuch	Schüpbach, Ernst, Sohn, Baldistal	25	3	166
12	Bipperamt	Bütikofer P., gérant, Dettenbühl	Schaad W., instituteur, Oberbipp	31	6	155
13	Blankenburg	Rufi Johann	Feuz Wilh., Zweisimmen	14	3	153
14	Bolligen	Kiener Gottfried, Habstetten	Gosteli Ernst, Altikofen, Worblaufen	23	5	193
15	Boltigen	Maurer Hermann	Hirschi Jakob	15	3	170
16	Brand près Lenk	Zeller Hans	Schläppi Samuel	10	1	50
17	Brienz I	Fischer-Flück Hans, Wiese	Michel-Flück Hans	28	1	127
18	Brienz II	Stähli-Fischer, Mathäus	Fuchs Ernst, Behämsgasse	15	3	112
19	Brienz III	Nufer Chr., Ebligen	Flück-Gander Paul	9	1	34
20	Brienzwiler	Schild-Amacher Joh.	Schild-Flühmann Joh.	17	1	56
21	Bümpliz	Reber Chr., Riedern	Reber Alfred, Riedern	9	1	61
22	Bunschen	Heimberg Hans, Bühl, Oberwil i. S.	Teuscher Fritz, Bunschen, Oberwil i. S.	29	1	74
23	Burgdorf	Haas Joh., Lerchenboden	Haas Hans, Sommerhaus	8	3	89
24	Corgémont et environs	Stauffer Charles	Zeller William	15	2	70
25	Därstetten I	Wüthrich Rud., Nidfluh	Ueltschi Karl, Argel, Weissenburg	17	1	89
26	Deisswil-Wiggiswil et Ballmoos	Hofer Fritz, Ballmoos	Häberli Ernst, Deisswil	12	2	98
27	Delémont et environs	Blaser Robert, Violat, Courrendlin	Monnerat Joseph, Bassecourt	35	7	112
28	Diemtigen I	Klossner Hans, Bergli	Küng Fritz, Riedern	29	5	267
29	Diemtigen II	Kunz Arnold, Ausmatte, Oey	Kunz Paul, Latterbach	42	2	215
30	Diemtigen III	Dubach Jb., Bächlen	Neukomm Arnold, Horboden	11	3	52
31	Diemtigen IV	Werren Fritz, Brunnen, Zwischenflüh	Lengacher Hans, Wampflen, Zwischenflüh	39	2	160

32	Diemtigen V	Jungen Jakob, Wyler	Balmer Rud., Oey	18	2	94
33	Diemtigen VII	Haueter Fritz, Schwenden	Haueter Arnold, Schwenden	30	1	118
34	Diessbach près Büren	Affolter Gottfried	Zingg Fritz	25	2	82
35	Dürrenroth	Zürcher Fr., Gerbehof	Bütikofer Hans, Häfligen	18	1	71
36	Ebnit près Gessenay	Oehrli-Zingre Jakob	Rieben Alfred	12	3	81
37	Emdthal	von Känel Gottlieb, Bühlen	Scherz Gottfried, Egg, Aeschi	18	1	60
38	Emmenmatt	Erhard Hans, Fuhren	Rothenbühler Fr., Wittenbach, Lauperswil	16	2	74
39	Eriz	Schwarz Ernst Bernstr., Steffisburg	Schwarz Hans, Hartlisberg, Steffisburg	7	1	68
40	Erlenbach i. S.	Knutti Jakob, Oberdorf	Wüthrich A.	38	9	208
41	Erlenbach II	Bühler Hans, Ringoldingen	Kunz Paul, Latterbach	27	1	82
42	Erlenbach III	Bähler Jakob, Thal	Wüthrich A.	8	—	56
43	Ersigen	Hauert Alb.	Kunz Ernst	11	1	87
44	Fahrni et environs	Berger Joh., Tüchtiwil	Berger Ernst	13	1	65
45	Faltschen près Reichenbach	Zurbrügg Ernst, Kreuzgasse	Linder Alfred	28	1	79
46	Faulensee	Müller Fritz, Reitweg	Bischoff Rud.	10	1	47
47	Ferenbalm	Bucher Fritz, Jerisberghof, Gurbrü	Ramstein Ernst, Rizenbach	17	1	74
48	Fraubrunnen et environs	Burger-Schwab Hermann, Büren z. Hof	Schwab Erwin, Büren z. Hof	16	3	63
49	Frauenkappelen	Schick G.	Probst Sam.	9	1	72
50	Frutigen I	Brügger Fritz, Dorf	Trachsel G., Vordof	24	4	151
51	Frutigen III	Brügger Gottl., Obmann	Germann Hans, Lehrer	8	1	34
52	Gerzensee	Hirschi Gottfr., Freudheim	Hänni Alfred, Turm	18	1	162
53	Gottstatt et environs	Mühlheim Josef, Brügg	Jaggi Otto, Mett	28	2	126
54	Grafenried et environs	Käser Fritz, Unterberg	Güntner Hermann, Büren zum Hof	15	2	103
55	Grasswil	Mühlemann Joh.	Weber Paul	11	5	146
56	Grossaffoltern-Vorimholz	Gygi E., Scheunenberg près Wengi	Bucher Fritz, Grossaffoltern	22	2	86
57	Grosshöchstetten et environs	Hofer Hans	Heboisen Ernst	16	2	139
58	Gruben près Gessenay	Mösching Armin, Gütschenhalten, Gessenay	Reuteler-Schwenter Emanuel	11	1	63
59	Grund près Gstaad	Raaflaub Arnold, Moosfang	Brand Albert	12	2	63
60	Gstaad près Gessenay	Raaflaub Wilhelm, Windspillen	von Grünigen Gabriel, Grund près Gstaad	18	3	109
61	Gsteig près Gstaad	Seewer Viktor, Feutersoey	Oehrli E.	8	1	36
62	Guggisberg	Binggeli Johann, Unterbalm, Riffenmatt	Kohli U., Schwendi, Riffenmatt	12	5	85
63	Gurbrü	Hurni Walter. Weibels	Dick K. Fried.	11	1	61
64	Gurzelen	Hänni Chr., Stärenmatt	Zumbach Ernst	21	1	102
*65	Habkern	Tschiemer Christ.	Schmocker Gottfr.	32	1	93
66	Hasle près Berthoud	Burkhalter Fritz, Riefershäusern	Burkhalter Rud., Nollen	11	3	165
67	Heiligenschwendi	Küng Fritz, Schwendi	Bieri Joh., Schwendi	10	3	89
68	Heimiswil	Widmer Alfred, député, Kipf	Widmer Walter, Busswil	7	3	61
69	Herbligen	Bärtschi Daniel	Schwander Fr.	11	1	73
70	Herzogenbuchsee	Gerber Gottl., Scheidegg	Stähli Gottfr., fils, Bollodingen	13	2	117
71	Hettiswil	Küng Joh.	Pfeiffer Friedr.	12	2	98
72	Hindelbank et environs	Witschi-Stamm Alexander	Wittwer Gottfried	14	3	110
73	Höfen	Tschan Hans, Burgbühl, Pohlern	Müller Walter	23	—	102

No.	Syndicats	Président	Secrétaire	Nombre de membres	Animaux inscrits au registre	
					mâles	femelles
74	Huttwil	Minder Ernst, Tschäppel	Leuenberger Hans, Hohfuhren	29	2	112
75	Jegenstorf et environs	Aeberhardt Erwin, Zuzwil	Rufer Ernst, Zuzwil	13	2	126
76	Anet	Küffer-Niklaus Gottl.	Hirt Jakob	18	1	74
77	Interlaken et environs	Seiler H., Bönigen	Balmer Florian, Matten	30	2	130
78	Iseltwald	Wyss Hans, Tenn	Walthard Ernst	21	1	46
79	Kallnach et environs	Köhli Alfred, Ulis	Mory Ernst, Alfreds	41	1	84
80	Kandergrund	Künzi Samuel, Mitholz	Künzi Samuel	12	1	57
81	Kandersteg	Müller Abraham	Klopfer Fritz	9	1	40
82	Kehrsatz	Marti Arn., Blumenhof	Stucki Ad., im Lohn	8	4	67
83	Kiesen-Oppligen	Tschanz Ernst, Oppligen	Tschanz Hermann, Oppligen	14	1	110
84	Kiental-Rufenen	Greber Jakob, Beunde, Kiental	Greber J., fils, Kiental	19	3	60
85	Kirchdorf	Zwahlen Jak., Insel	Hofer Paul	29	1	1[illegible]5
86	Kirchlindach	Grimm Fritz, Ortschwaben	Brönnimann E.	17	5	191
87	Konolfingen-Stalden	Graf Fried., Niederhünigen	Wermuth Chr., Stalden	18	3	142
88	Krattigen	Kummer Albr., Türlimatt	Luginbühl Gottfr., fils	18	1	66
89	Kreuzweg près Berthoud	Bärtschi Jakob, Rüti près Lyssach	Arni Hans, Schleumen, Hindelbank	10	3	126
90	Langenthal et environs	Rufener Paul, Badgut	Rickli Fritz, secrétaire communal, Bützberg	40	4	132
91	Langenthal II	Christen Ernst, Eichi, Bleienbach	Oberli Ernst, Farb	9	3	54
92	Lauenen près Gstaad	Perreten Jakob	Hauswirth Ad., Dorf	13	1	65
93	Laufon et environs	Imhof Wilh., député	Abbühl Hans, instituteur	17	3	58
94	Lauterbrunnen	Huggler Peter, Fuhren	Rubin Arn., im Stocki	29	1	4[illegible]
95	Leissigen	Ringgenberg-Gurtner Peter	Ringgenberg Wilhelm, forestier	18	1	48
*96	Lenk I	Schläppi-Siegfried Jakob, Aegerten	Rieder-Allemann Gottfr.	13	7	155
97	Lenk II	Siegfried-Müller Ernst, Pletschen	Bühler-Siegfried Hans, Neufeld	19	2	90
98	Les Bois	Jobin Jean	Barthoulot Joseph	18	3	15[illegible]
99	Lohnstorf-Mühlethurnen	Beutler Joh., Lohnstorf	Hofer Rud., Lohnstorf	14	1	86
100	Lützelflüh	Neuenschwander E., Adelboden, Grünenmatt	Bärtschi H., Niederschaufelbühl, Grünenm.	18	6	1[illegible]9
101	Lyss	Affolter Emil, Hardern	Spring Hans, Lehrer	36	2	182
102	Matten i. S.	Lempen Jakob, père	Grünenwald Hans, fils	12	1	79
103	Meikirch et environs	Stebler Gottfr., Grächwil	Schlup Ernst, Grächwil	14	5	1[illegible]4
104	Mittleres Gürbetal	Zimmermann Alf., Rümligen	Aeschbacher Ernst, Kaufdorf	15	1	83
105	Mühleberg et environs	Balmer Alfred, Ledi	Schmid Hermann, Häuselacker	22	3	144
106	Mülchi et environs	Kunz Wilhelm	Ruchti Johann	13	1	66
107	Münchenbuchsee	Wyss Walter, Sandgrube	Häberli Otto, Sandgrube	12	4	119
108	Münsingen	Gfeller Chr., village	Lehmann Werner	11	7	146
109	Münsterberg	Flüeli Wilhelm	Leiser Ernst	14	1	65

110	Muri-Gümligen	Bärtschi Karl, Gümligen	Iseli Walter, Muri	8	1	79
111	Murzelen et environs	Sahli Robert, Säriswil	Tschannen Emil	25	4	175
112	Neuenegg	Freiburghaus Sam., Bramberg	Bieri Fritz, Strassacker	46	1	181
113	Neuhaus près d'Ochlenberg	Mühlethaler Walter	Lüthi Ernst, Widenbach-Ochlenberg	10	2	5[illegible]
114	Niederwichtrach	Herzig Chr., Tannli	Niederhäuser Robert	21	3	162
115	Oberbalm	Staub Joh., Unteräschi	Riesen Hans	12	3	78
116	Oberbäuert-Garstatt	Allemann Hans, Eggen près Zweisimmen	Abbühl Karl, Garstatt, Weissenbach i. S.	8	1	52
117	Oberburg	Hermann Hans, Oschwand	Bichsel Fritz, Steingrube	9	1	59
118	Oberdiessbach	von Wattenwyl Ed., château	Jutzi Fritz, Tannlimatt	19	5	107
119	Oberhasli	Huggler Math., député, Unterheid	Mäder S., Meiringen	22	1	84
120	Oberried près Brienz	Ruef Ernst	Grossmann Arnold	9	1	37
121	Oberthal	Blaser Ernst, Käneltal	Blaser Ernst, Schwendlen	15	2	73
122	Oberwichtrach	Maurer, Gottfr., Wil, Wichtrach	Hofer Willi	8	1	56
123	Oberwil i. S.	Gerber Karl, Pfaffenried	Gerber Alfred, Tiefenbach	23	3	12[illegible]
124	Oesch et environs	Stauffer Jakob, député, Bätterkinden	Werren J., gérant, St-Niklaus, Koppigen	14	4	157
125	Oeschseite i. S.	Matti Jakob, Speisskorb	Rufener Gottfr.	20	1	119
126	Orvin	Grosjean Marc, député	Meyrat E., instituteur	20	3	65
127	Oschwand près Riedtwil	Gygax Gottfr.	Gygax Hans, Schnerzenbach	20	2	13[illegible]
128	Pohlern et environs	Zenger Abraham, Hüslimaad, Oberstocken	Schwendimann Fritz, Obermatt	18	2	83
129	Pohlern-Kürselen	Schwendimann Fritz, Bauli, Uebeschi	Rupp Ernst, Pohlern	13	1	73
130	Porrentruy et environs	Chavannes Charles, Micro, Ferme	Gerber Abraham	16	4	10[illegible]
131	Rapperswil	Spring Joh., Seewil	Balmer Ernst, Schwanden	12	1	112
132	Reichenbach près Frutigen	Wittwer Jakob, Obmann	Hari-Meyer Albert	21	3	11[illegible]
133	Reidenbach-Schwarzenmatt	Gerber Fritz, Reidenbach	Ueltschi Jakob, Reidenbach	15	2	10[illegible]
134	Reudlen	Schmid Fritz, Wengi b. Frutigen	Lauener Joh.	18	1	51
135	Reutigen	Krebs Fritz, Stadi	Spring Fr.	32	3	159
136	Ried près Schlosswil	Friedli Hans, député, Weyergut	Christen Walter	16	1	87
137	Riggisberg et environs	Herren Albert, Eybrünnen	Stucki Chr., maître secondaire	31	7	235
138	Ringgenberg et environs	Grossmann-Zurbuchen Joh.	Frutiger Chr., Goldswil bei Interlaken	13	1	52
139	Rubigen	Rolli Johann	Schneider Joh., Kleinhöchstetten	10	6	13[illegible]
140	Rüderswil	Schifferli Joh.	Dürendinger Hans	16	1	55
141	Rüeggisberg	Trachsel Ad., Oberbütschel	Rohrbach Hermann	22	4	19[illegible]
142	Rüegsau	Bärtschi Jakob, Bifang	Schär Joh., Rüegsauschachen	12	1	81
143	Gessenay I	von Grünigen-Bos Arnold, Schönried	von Grünigen Arnold, instituteur	12	2	72
144	Gessenay II	von Siebenthal Arnold	von Siebenthal Werner	6	1	35
145	Saanenmöser	Hauswirth Gottfried	von Siebenthal Hans	11	1	66
146	Schafhouse et environs	Müller Ernst, Gommerkinden	Locher Fritz, Uetigen, Kalchofen	15	1	124
147	Schangnau	Oberli Chr., Kehrlishof	Gerber Hans, Siebenlehn, Marbach	9	3	80
148	Scharnachthal	Rubin Chr.	Scherz Johann, député	28	1	74
149	Schüpfen	Stämpfli Rud.	Stähli Otto	10	6	100
150	Schwandi près Reichenbach	Bhend Arnold	Wittwer Gottlieb	17	1	71
151	Schwarzenburg	Krenger H., Marktplatz	Meier C. A.	22	3	6[illegible]

No.	Syndicats	Président	Secrétaire	Nombre de membres	Animaux inscrits au registre: mâles	Animaux inscrits au registre: femelles
152	Schwarzenegg	Dumermuth Chr., Kreuzweg	Wüthrich Ernst, Ebneten	17	1	148
153	Seedorf près Aarberg	Lauper Hermann	Affolter Otto, Lobsigen	16	4	108
154	Siehen près Eggiwil	Zürcher Fritz, député	Tschanz Fritz	12	3	90
155	Signau	Bigler Fritz, Berg	Jordi Jakob, Steinen, Bowil	21	2	67
156	Sigriswil	Ambühl Ernst, Ringoldswil près Gunten	Santschi Arnold, Schwendi	45	3	102
157	Spengelried	Herren Chr., Rüplisried	Freiburghaus Hermann	11	1	142
158	Spiez	Kröpfli Fritz, Riedern-Einigen	Itten Hans, Schwarzenbach	16	2	51
159	St. Stephan	Rieben Sam., Moos	Buchs Ernst, Matten	12	—	85
160	Steffisburg	Stucki Ernst, Au	Hodel Fritz, Glockental	11	1	80
161	Sumiswald	Eggimann Jakob, Matten	Sommer Arn., Mauer	32	5	236
162	Tägertschi	Gäumann Fritz	Keller Gottfr.	9	1	79
163	Thörigen-Wanzwil	Vacant	Bösiger J., Wanzwil	9	1	61
164	Tramelan et environs	Racine Jules-Ed., Tramelan-dessus	Vuilleumier Samuel	80	7	190
165	Trub	Wüthrich Joh., Unterbrandösch	Siegenthaler Hans, Unterfeld	25	7	155
166	Thoune et environs	Meyes Karl, Länggasse	Grossniklaus-Hadorn Chr., Rütlistrasse 1	16	3	112
167	Uebeschi et environs	Blaser Joh., Gwerdi	Bähler Wilh., Neurüti	14	2	48
168	Uettligen	Leu Ad., Oberdettigen	Hutmacher Ernst, Oberdettigen	13	2	92
169	Uetendorf	Lüthy Chr., Willenrütti	Lüthi Alfred	16	6	118
170	Ursellen-Konolfingen	Schindler Rob., Konolfingen-Stalden	Hutmacher C., Weinhalde, Gysenstein	18	1	106
171	Ursenbach et environs	Leuenberger Hektor	Leuenberger Ernst	28	4	162
172	Utzenstorf	Kehrli-Eggor Fritz	Christen Rob.	16	2	118
173	Vechigen	Walther Joh., Sinneringen, Boll	Eberhard Fr., Lehrer, Lindental, Boll	21	3	147
174	Walkringen	Wegmüller Fritz	Gfeller Ernst	11	1	78
175	Wattenwil	Krebs Ernst, Rischeren	Krebs Ernst, Wydimatt	22	2	96
176	Weissenbach i. S.	Seewer Robert	Zeller Arthur	18	2	92
177	Wilderswil	Wyss C., fils, Sydach	Balmer Fr., Sydach	18	1	57
178	Wiler-Zielebach	Hofer-Vögeli Jakob, Neumatt, Utzenstorf	Kämpfer Albert, Wiler, b. Utzenstorf	13	2	93
179	Wimmis	Wampfler Gottfr.	Sommer Walter, Sek.-Lehrer	1	13	234
180	Wohlen	Baumgartner Hermann, Hofen	Wernli Hermann	17	4	135
181	Worb	Bernhard Gottfr., Schlossgut	Bernhard Fritz, Hubel	22	4	190
182	Wynigen	Zurflüh Franz, Breitslohn	Friedli Ferd., Ruedisbach	17	3	137
183	Zimmerwald	Schmutz Albert, Scheuer	Guggisberg Ernst, im Wald	32	6	345
184	Zollikofen	Remund Fritz, Reichenbach b. Zollikofen	Marbach Ernst, Oberdorf	16	4	162
185	Zweisimmen I	Abbühl David, Obegg	Ueltschi Fritz	22	1	140
186	Zweisimmen II	Abbühl Chr., Oberried	Eggen Emil, Obegg	8	1	64

Canton de Vaud

1	Apples	Baud Louis	Decollogny Eugène	17	3	68
2	Aubonne	Vautier Alfred	Cottier Albert, La Vaux	36	13	78
3	Arnex sur Orbe	Monnier Frédéric	Gauthey Louis	45	3	44
4	Arveyes	Croset Jules	Bratschy Louis	14	1	29
5	Avenches	Baud Chs.	Baud Chs.	50	1	15
6	Ballaigues	Bourgeois Paul, Hercod	Conod Charles, fils	30	2	70
7	Ballens	Gauffon John	Oppeliguer Henri	37	1	32
8	Baulmes	Deriaz Charles-Joseph	Deriaz Roland	26	2	46
9	Bavois	Carrel Henri, Bavois	Oulevay Paul	30	6	20
10	Begnins	Genevay Julien, syndic, Bassins	Gallay G., La Césille	97	8	36
11	Bercher	Wulliamoz Albert	Bécholey Gustave	35	12	75
12	Bérolle	Burnet Paul	Besson Adrien	26	2	19
13	Bettens	Gachet Eugène	Magnin Louis	25	6	93
14	Bex	Genet Louis	Nicollérat Emile	56	6	93
15	Bière	Cloux Marcel	Monthoux-Clerc, Robert	31	3	45
16	Bioley-Magnoux	Groux Alphonse	Pahud Albert	25	6	38
17	Bioley-Orjulaz	Dony Emile	Gachet William	27	5	31
18	Bioux, les	Rochat-Piguet Jean, Bas des Bioux	Reymond J.-D., Vers-chez-Grosjean	38	3	25
19	Bofflens	Clerc Frédéric	Fauchez Julien	20	2	37
20	Bonvillars-Onnens	Correvon Marc, Bonvillars	Tharin Ernest, Bonvillars	54	2	14
21	Bottens et Poliez-Pittet	Bavaud Ernest	Vincent Jules	37	3	33
22	Boussens	Gaudard Ernest	Dubrit Fernand	24	2	43
23	Brassus, le	Audemars Henri	Golay Chs. Ami	50	1	54
24	Brenles-Chesalles-Sarzens	Pidoux Alphonse, Burinaux	Blanc Adrien, Brenles	38	4	80
25	Bretigny-Cugy-Monthérond	Dégy Jules, Cugy	Jaton Auguste, Bottens	53	3	83
26	Bretonnières	Roy Louis	Fanolliet Auguste-Louis	47	2	76
27	Bullet	Thévenaz Ami	Vacant	49	2	-—
28	Bussigny sur Morges	Barraud Alexandre, syndic	Pittet Charles	40	3	70
29	Bussy-Chardonnay (Morges)	Charrière Eugène, Bussy sur Morges	Kohli Louis, Bussy	54	2	56
30	Carouge-Servion	Desmeules Emile, Ropraz	Jordan Alfred, Carouge	115	8	156
31	Champagne	Guilloud Jules	Tharin Ferdinand	40	6	40
32	Charbonnières	Rochat James, l'Epine	Rochat Marcel	54	2	36
33	Château-d'Oex	Baux Louis, au Pré, les Moulins	Thurrian Victor	64	30	217
34	Chavornay	Romanens Alfred	Despland Adrien	40	4	31
35	Chernex et environs	Dufour Jules, Les Avants	Ducret François	27	5	15
36	Chesalles-sur-Oron	Clerc Etienne, Oron-la-Ville	Ducret Samuel, Oron-la-Ville	25	6	95
37	Chesières-Villars	Bertorionne Louis, Chesières	Jaquerod Henri, Chesières	22	4	30
38	Chevroux	Bouny-Müller Louis	Cuany-Bardet André	34	2	43
39	Colombier sur Morges	Penel Henri	Prior Aimé	45	2	38
40	Combremont-le-Grand	Ney Alois	Bettex Julien	36	4	106

No.	Syndicats	Président	Secrétaire	Nombre de membres	Animaux inscrits au registre	
					mâles	femelles
41	Combremont-le-Petit	Bettex Paul	Chambaz Octave	43	3	52
42	Concise	Du Pasquier René	Althaus Ernest, la Raisse sur Concise	21	3	31
43	Corcelles sur Chavornay	Werly Adrien	Léonard Alfred	30	4	36
44	Corcelles près Concise	Pointet Robert	Pointet Gustave	29	9	40
45	Corcelles sur Payerne	Rapin Emile d'Alfred	Rapin-Fivaz Fritz	30	5	18
46	Corsier	Dovat Victor, Fenil s. Vevey	Cuénod Jules, l'Hautigny	72	2	100
47	Cossonay	Bolay Adrien	Lecoultre Louis	42	9	92
48	Crissier	Bussy Ernest	Blondel Robert	30	2	16
49	Cronay	Viquerat Léon	Ducruz Robert	24	1	6
50	Cuarnens	Chappuis Robert	Chappuis Frank	53	2	59
51	Cuarny	Christin Robert	Gondoux Jules	28	1	54
52	Daillens	Delacuisine Charles	Trolliet Emile	50	2	63
53	Démoret	Bovay Constant	Jaquiéry René	17	2	30
54	Denesy	Deppierraz Louis	Crisinel Aimé	24	1	61
55	Diablerets, les	Morerod Eugène	Ansermoz Paul	43	7	95
56	Echallens	Maccaud Emile	Gachet Edouard	39	7	28
57	Eclépens	Berger Julien	Monnier Charles	27	3	51
58	Ecoteaux-Maracon	Chollet Henri, Maracon	Boudry Eugène, Ecoteaux	50	7	119
59	Essertines-sur-Rolle	Merminod Julien	Dumartheray Julien	30	7	83
60	Essertines-sur-Yverdon	Ducret Charles, syndic	Auberson Jean	40	4	70
61	Etivaz, l'	Pilet-Henchoz Eugène	Henchoz Ernest, „Les Narcisses"	38	10	66
62	Fenalet-les-Posses	Burnier Vincent, Posse	Cherix Benjamin, Posse	32	1	18
63	Ferreyres	Pingoud Lucien	Pingoud Marcel	23	1	42
64	Fey	Jaunin Edouard	Wagnière Gustave	36	4	48
65	Fontaines sur Grandson	Cruchaud Maurice	Robellaz Marcel, Fiez	13	2	31
66	Forel sur Lucens	Briod Alois	Briod Armand	16	1	35
67	Gilly	Rolaz Henri	Jaquier Robert	40	2	46
68	Gimel	Debauneville César	Fillettaz Gustave	48	7	52
69	Gollion	Viret Elie	Chenaux Maurice	27	3	42
70	Goumoëns-la-Ville	Favre Auguste, député	Marguerat Charles	60	6	84
71	Grancy	Moinat Jean	Rochat Edmond	16	3	22
72	Grandcour	Mayor-Dudan Emile	Mayor-Mayor Ed.	42	3	74
73	Granges-Marnand	Cherbuin Robert, Granges	Rossat Adrien	26	1	12
74	Gryon I	Chamorel Louis, conseiller national	Jaquerod Vincent	12	3	25
75	Gryon II	Vurlod Charles	Normand Roger	18	6	53
76	Huémoz	Anex Adrien	Dulex-Anex Emile	16	2	27

77	Isle, l'	Bernard Oscar	Gruar-Bennett H. L.	65	5	27
78	Juriens	Carmentrand Constant	Grandjean Félix	39	2	115
79	La Chaux sur Cossonay	Thormeyer Henri	Rossy Henri	33	2	63
80	La Forclaz	Marlétaz Jules	Tavernier Auguste	30	4	36
81	La Praz	Delacrétaz Pierre	Delacrétaz François	20	—	1
82	La Tour de Peilz	Henry Auguste, député, Campagne de Villard	Tapernoux Jacques, Hauteville, St-Légier	38	3	109
83	Lausanne	Bourgeois Louis, Romanel sur Lausanne	Ruedi Pierre, instituteur, Jouxtens, Mézery	34	13	19
84	Le Lieu	Aubert Edouard	Piguet Alfred	30	3	50
85	Les Hameaux de Payerne	Savary César, V. C. Perrin, Payerne	Jomini Alphonse, Etrabloz	32	3	29
86	Leysin	Genier Alfred	Tauxe Paul	53	2	87
87	Lignerolle I	Werly Charles	Péclard Paul, Montcherand	20	3	43
88	Lignerolle II	Petermann Louis	Petermann Marcel	30	4	54
89	Lovatens	Pichonnat Fernand	Ogay Justin	23	1	41
90	Lucens-Curtilles-Oulens-Cremin	Rey Jean, Ponty, Lucens	Michod Alois, Lucens	31	2	97
91	Lully-Lussy	Crottaz Louis	Prior Armand, Lussy	47	8	58
92	Lussery-Villars	Despland Robert, Lussery	Séchaud Fernand	14	3	24
93	Marchissy	Christinet Frank	Pilloud Emile	32	1	61
94	Missy	Roulet Samuel	Quillet-Aebischer Charles, père	18	6	78
95	Moiry	David Edouard	Pittet Charles	30	1	31
96	Mollens	Cuvit-Magnin Henri	Baudin Alfred	31	2	9
97	Montreux	Mayor Ernest, rue du Port, Clarens	Michel Charles, Tavel s. Clarens	19	1	30
98	Monts-Epalinges et environs	Guex Alfred, Le Mont	Ménétrey Henri, Le Mont	47	10	23
99	Monts de Lavaux	Muller Gustave, Savigny	Lederrey Samuel, Tronchet-Grandvaux	62	1	88
100	Mont-la-Ville	Martinet Arthur	Charotan Marcel	40	—	12
101	Montricher	Morel Alois	Chenux Walter	61	3	16
102	Moudon	Baudraz Louis	Thonney Eugène	64	4	85
103	Neyruz-Villars-le-Comte	Pidoux Louis-Oscar, Villars-le-Comte	Jaquier Lucien, Villars-le-Comte	42	2	68
104	Nyon	Buensoz A., Trélex	Corbaz A., Gingins	200	4	148
105	Ollon	Stucker Frédéric	Amiguet Henri	30	3	—
106	Oppens	Pitton Hector	Gilgen Ernest	24	3	26
107	Orbe	Flaction Albert, Granges St-Germain	Dupuis Albert	37	6	86
108	Orges	Payet Justin	Chareyrat Adolphe	11	3	47
*109	Ormont-dessous	Aviolat Auguste, Le Sépey	Hubert Arthur, Le Sépey	87	—	43
110	Ormont-dessus	Favre Samuel, Les Diablerets	Weber Jean, Vers l'Eglise	50	9	115
111	Orny	Pavillard Justin	Pavillard Robert	24	1	16
112	Orzens	Guichard Albert	Burla Maurice	44	1	36
113	Oulens	Chapuis Jules	Clavel Auguste	25	2	62
114	Pailly	Pahud Albert	Gonet Jacque	20	2	30
115	Palézieux	Chamot Paul	Graz Auguste	34	6	101
116	Pampigny	Cailler Henri	Bussy Alfred	48	2	71
117	Panex-Plambuit	Bocherens François, Salins	Rosat Robert, Panex	24	2	21
118	Payerne-Ville	Pradervaud Louis, Chaux	Savary Armand	49	3	64

No.	Syndicats	Président	Secrétaire	Nombre de membres	Animaux inscrits au registre	
					mâles	femelles
119	Peney-le Jorat	Cornu Ernest Villars-Mendraz	Gavillet Victor	53	1	135
120	Poliez-le Grand	Panchaud Jules Alexis	Mermoud Ulysse	24	1	14
121	Plaine du Rhône, la	Perret Jules, Rennaz près Villeneuve	Chabloz Louis, Roche	75	5	105
122	Pompaples	Bonzon Ernest, syndic	Bonzon Edmond	17	1	11
123	Pomy	Cuche John	Pellaux Maurice	61	3	71
124	Prahins	Waridel Robert	Waridel Lucien	17	--	46
125	Premier	Roy Jules-Alfred	Candoux Edmond	42	2	43
126	Prévonloup-Dompierre	Duc Constant, Dompierre	Corthésy Constant, Dompierre	15	4	61
127	Puidoux-Chexbres	Chevalley Louis, Praz Martin, Puidoux	Bovy Henri, Chexbres	155	5	153
128	Rances	Randin Charles	Pinard Maurice	42	1	30
129	Romanel-Bremblens	Destraz Alfred, Lonay	Keuffer Henri, Bremblens	43	1	20
130	Rossinières	Dubuis Alphonse	Martin Auguste	13	2	43
131	Rougemont	de Siebenthal Alfred	Yersin Victor	38	6	101
132	Rippe, la	Hermenjat Henri	Hermenjat John	25	2	61
133	Sassel	Cosandey Meylan Jules	Savary Jules	25	1	31
134	Saubraz	Baiche Victor	Vacant	12	3	—
135	Sédeilles	Morattel Louis	Goumaz Arthur	23	1	50
136	Solliat-Sentier	Vallon Charles, Orient	Capt Henri, Solliat	60	2	81
137	St-Barthélemy	Favre Joseph	Favre André	36	1	70
138	Ste-Croix	Paillard Marc	Jaccard Armand, Vers-chez-Jaccard	62	2	12
139	St-Livres	Grivel Alois	Burnier Henri	42	4	10
140	St-Saphorins sur Morges	Cretegny Félix	Marmet Emile	18	1	32
141	Suchy	Collet-Girardet Louis	Carrel Jules	52	7	101
142	Sugnens	Besson François	Jaccoud Alexis	16	1	42
143	Sullens	Badan Henri	Chevalley Gustave	32	1	32
144	Thierrens	Piot Maurice	Genier Louis	65	5	97
145	Trey	Gilliaud Alfred	Cornamusaz Marcel	29	1	28
146	Valeyres sous Rances	Fiaux Gustave	Ravey Gustave	50	5	71
147	Vallorbe	Matthey Robert	Glardon Emile	35	2	16
148	Vaulion	Reymond Marcel	Reymond Marcel	45	3	48
149	Vaux sur Morges	Schopfer Charles	Stoudmann Florian	15	3	31
150	Villars-le-Terroir	Pittet Joseph de Casimir	Dutoit Joseph	45	4	33
151	Villarzel	Mayor Jules	Rossier Julien	24	1	84
152	Vuarrens	Buffat Eugène	Narbel Constant	65	6	160
153	Vufflens-Mex	Duperrut Adolphe, Vufflens-la-Ville	Cocytaux Alfred, Mex	26	3	62
154	Vuiteboeuf-Reney	Degiez Robert, Peney	Roy Jean, Vuiteboeuf	13	1	40

155	Vullierens	Henri Edouard	Nicole Henri	42	3	110
156	Vully	Loup Mac, député, Vallamand-dessus	Loup Alfred, Montmagny	63	1	78
157	Yverdon-ouest-Ville	Gehry Fritz, Rue de la Plaine, 45, Yverdon	Moser Ernest, Treycovagnes	20	2	21
158	Yverdon-Rive droite	Cruchet Ernest, Valentin	Bloesch Paul, Champittet	24	1	92
159	Yvonand	Payot Fritz	Vernez Henri, La Manguettaz	53	6	72
160	Yvorne	Nicolet Henri, Roche	Müller Gustave	82	2	65
		Canton de Fribourg				
1	Albeuve	Castella Léon	Castella Pierre	17	1	72
2	Alterswil	Bäriswil Franz	Bertschy Albin	34	4	134
3	Attalens	Vienne Maurice, Granges	Monnard Paul, Vuarat	20	2	127
4	Autavaux-Montbrelloz	Marmy Louis, Autavaux	Vorlet Georges	15	2	75
5	Avry-devant-Ponts	Liard Séraphin	Pugin Jules	21	1	100
6	Avry-sur Matran	de Reynold Jean, Nonan, Matran	Gumy Ernest	24	5	242
7	Basse-Glâne (Torny)	Bugnon Ant.	Fragnière Alfred, Middes	21	2	90
8	Bellechasse	Gret C., directeur	Jendly J.	7	4	137
9	Belfaux	Bersier Adrien, Granges-Paccot	Monnard François, Morat	20	5	251
10	Châtel-St-Denis	Genoud Robert	Berthoud Alfred	21	2	205
11	Châtelard	Rey Auguste, Massonnens	Barbey Joseph	31	1	165
12	Charmey	Barras Alfred, Châtel-sur-M.	Tornare Florian	6	1	64
13	Cheiry	Crausaz André	Torche Fernand	10	2	60
14	Cottens	Yerly Joseph, Lovens	Pythoud Placide, Lovens	64	10	351
15	Cormérod	Audergon Louis, Cournillens	Berset Joseph	14	1	60
16	Courtepin	Lehmann Fritz, Villaret	Stauffacher Heinrich	27	2	105
17	Domdidier	Dubey Maurice	Besson André	16	2	100
18	Düdingen	Horner Alfons, Grossr., Tützenberg, Schmitten	Brülhart Alfons, ing. agr.	26	7	425
19	Estavayer et environs	Kohler Albert, Lully	Jacquat Joseph	16	3	54
20	Farvagny	Reynaud Louis, Posat	Donzallaz Anselme, Grenilles	48	7	387
21	Fétigny	Renevey Louis	Vorlet Paul	13	1	36
22	Forel	Roulin Gustave	Marmy Raymond	23	1	73
23	Freiburg	Blaser Chr., Granges-Paccot	Helfer Max, Lehrer, route Villars 5	11	3	170
24	Gibloux-Glâne	Berset Antoine, Villarsiviriaux	Berset Léon, Villarsiviriaux	12	1	78
25	Gletterens	Etter Fritz, Rueyres-les-Prés	Dubey Arthur	25	2	45
26	Grandvillard	Pillamet Jean	Borcard André	11	3	60
27	Grolley	Jaquet Isidore, député	Jaquet Ernest	18	5	193
28	Gruyères	Gremion Jean, Pringy	Murith Auguste, Epagny	21	2	108
29	Gruyère I (Bulle)	Gapany Charles, Bulle	Deillon Fernand Bulle	24	7	382
30	Gruyère II (Riaz)	Grémaud Casimir, député, Echarlens	Bosson Léon, Vuippens	24	4	231
31	Gruyère III (Vuadens)	Dupasquier Joseph, Vuadens	Gremaud Nicolas, Vuadens	38	13	470
32	Gruyère IV (Hauteville)	Sudan Léon, Hauteville	Andrey Joseph, Hauteville	18	3	150
33	Gruyère V (Sâles)	Buchilly Alexandre, Sâles	Pasquier Joseph, Maules	10	1	65
34	Gurmels und Umgebung	Hayoz Joseph, Grossrat, Liebistorf	Guerig Peter	22	3	143

No.	Syndicats	Président	Secrétaire	Nombre de membres	Animaux inscrits au registre	
					mâles	femelles
35	Haute-Glâne (Vuisternens dev. Romont)	Deillon Ernest, Vuisternens dev. Romont	Menoud Louis, Vuisternens dev. Romont	14	3	118
36	Hauterive (Grangeneuve)	Walter A., directeur, Grangeneuve	Daval Félicien, Grangeneuve	9	2	90
37	Heitenried	Vögeli Chr., Schönfels	Schneuwly Félix, Lehrer	43	9	260
38	Jaun	Buchs Paul	Rauber Alexis	7	3	71
39	Kerzers	Tschachtli Joh., Moosgasse	Schwab Jakob, Deckers	49	1	128
40	La Joux	Pittet Honoré, Sâles	Deillon Robert	13	3	95
41	Marly	Sturny Martin	Cochard Louis, Monteynan près Arconciel	12	4	190
42	Ménières (Broye)	Moret Eloi, député	Thierrin Joseph	15	1	78
43	Montagny	Dougoud Charles	Joye Ernest	45	7	250
44	Murist	Pillonel Isidor	Ballif Fernand	23	1	70
45	Murten und Umgebung	Bæchler Joh., Vater	Stoll Fr., Salvenach	28	5	173
46	Murten und Umgebung II	Rentsch Fritz, Prehl	Mæder Fritz, Oberamtsschreiber	11	2	96
47	Plaffeyen	Mülhauser Johann	Piller Pius, Gauheit	25	6	104
48	Porsel	Perriard Alfred	Dévaud Reymond	13	2	112
49	Prez-vers Noréaz	Guisolan Jules	Chatagny Marcel, Corserey	28	4	112
50	Promasens	Jaccoud Joseph, député	Conus Jules, Blessens	30	4	239
51	Ried bei Kerzers	Gutknecht Johann	Gutknecht Samuel	28	2	105
52	Rive droite de la Sarine (Le Mouret)	Gasser Albert, Mouret	Bourguet Joseph, Treyvaux	28	8	268
53	Romont	Chatton Eugène	Jorand Aimé, Billens	26	4	184
54	Rue	Dougoud Louis	Demierre Louis	32	5	308
55	Rueyres-les-Prés	Messer Alfred, Morens	Cantin Joseph	14	1	66
56	Schmitten und Umgebung	Roggo Pius, Fillistorf	Zollet Meinrad, Lehrer	29	13	550
57	Semsales	Gaudard Joseph, député	Vuichard Paul	25	3	146
58	Siviriez	Conus Joseph, Le Saulgy	Carrel Alfred	25	2	160
59	St. Antoni	Affolter Ernst, Konradshaus, Heitenried	Zosso Albin	22	5	174
60	St-Aubin	Collaud Arthur	Ramuz Paul	70	2	110
61	St-Martin	Jaccoud Jules, Besencens	Maillard Pierre	21	2	128
62	St. Ursen	Oberson Alfons, Balterswil	Oberson Jos., Balterswil	11	7	131
63	Tafers	Blanchard Jos.	Baeriswil Joh., Lehrer	15	7	200
64	Tentlingen	Bäriswil Peter, Helmetingen bei Bürglen	Kolly Albert	13	3	136
65	Tour-de-Trême	Caille Paul, La Tour	Geinoz François	15	3	112
66	Ueberstorf	Portmann Jakob	Siffert Josef, Umbertsried	37	6	321
67	Vallon	Bæchler Albert	Cantin Emile	8	3	60
68	Villariaz	Oberson Ernest	Monney Pierre	13	1	63
69	Villaz-St-Pierre	Sallin Henri	Rhême Joseph, Lussy	25	1	104
70	Vuissens	Fasel Emile	Noël Léon	5	1	49

71	**Vuisternens-en-Ogoz**	**Perritaz Casimir, Villarlod**	Villet Arthur	23	1	144
72	**Wünnewil**	**Schmutz Jakob, Staffels**	**Perler Alphons**	22	10	194
		Canton d'Argovie				
1	**Böttstein**	**Erne Karl, Eien**	**Kalt Emil, Kleindöttingen**	37	1	60
2	Bötzberg et environs	Gasser-Schweizer Gotthilf, Gallenkirch	Kistler Gottlieb, fils, Gallenkirch	25	2	100
3	Brittnau	Bolliger Emil, Zofingerstrasse	Gerhard W., Scheuerberg	52	3	115
4	Eigenamt	Wild Samuel, forestier, Birrenlauf	Stoll Karl, Scherz	52	5	211
5	Gansingen	Senn O., Büren	Bontellier A.	58	2	122
6	Gontenschwil	Gautschi Albert	Schlatter Jules, Egg	29	2	83
7	Ittental	Näf Alfred, juge de district	Lütold Gustav	29	1	68
8	**Kaisten**	**Müller Gottlieb**	**Zumsteg Josef**	37	2	128
9	Kölliken	Graber G., vétérinaire	Suter-Suter Hans	36	1	64
10	**Limmattal**	**Moser Konrad, député, Würenlos**	**Willi Jos., vétérinaire, Baden**	85	2	136
11	Möhlin	**Iten Th.**	Schib-Herzog Josef	22	2	76
12	Oberentfelden	Scheibler Fritz, z. Bären, Unter-Entfelden	Walther Hans	21	3	71
13	Oberfricktal	Benz A., Herzog, Oberfrick	Burri Ad.	88	1	60
14	Oberes Suhrental	Morgenthaler Sam., Attelwil	Morgenthaler Erw., Attelwil	34	2	88
15	Oberkulm	Speck Fritz	Speck Hans	24	2	71
16	Oftringen et environs	Hubeli Friedrich	Hubeli Friedrich	32	2	138
17	Reinach	Rudolf Walter, Bürgerasylverwalter	Huber-Gautschi Karl	45	2	93
18	Remigen-Riniken-Rüfenach	Kull W., syndic, Riniken	Märki-Haller Jakob, Rüfenacht	34	2	[illegible]9
19	Reusstal	Renold Karl, Dättwil	Wettstein Jos., Remetschwil	76	3	154
20	**Rheintal**	Laube Joh., juge de district, Wislikofen	Ehrensperger K., Fisibach-Waldhausen	70	3	2[illegible]0
21	**Rued**	Goldenberger R., Bodenrüti, Schmiedrued	Müller Otto, Höfli, Schlossrued	56	2	144
22	**Schenkenbergertal**	Hartmann-Hirt Hans, Schinznach-Dorf	Müri Fritz, Schinznach-Dorf	45	2	103
23	**Schneisingen**	Wenzinger Kilian	Meyer Johann	43	2	95
24	**Schöftland**	Bolliger-Baumberger Rud.	Gloor-Leuenberger Fr.	21	4	56
25	**Seetal**	Salm-Widmer Adolf, Lenzbourg	Mattenberger Hans, Lenzburg	91	6	290
26	**Siggental**	Hitz Wilhelm, Untersiggental	Hitz Franz, Kirchdorf	70	2	116
27	**Sulz près Laufenburg**	Füglister-Vogt Adelbert	Wächter Erwin	67	2	150
28	**Unterberg**	Weiss Jos., Obersulz	Büchli Ernst, Elfingen	38	1	71
29	**Villigen**	Kistler Reinhard, z. Bären, Bözen	Keller Gottlieb, Sohn	40	3	136
30	**Wil und Umgebung**	Sibold Leo	Leber Joh.	57	2	140
31	**Zeihen et environs**	Herde August, Ober-Zeihen	Bürgi Oskar	39	1	63
32	**Zetzwil**	Frey-Götti Gottl.	Weber Artur	33	1	65
		Canton de Lucerne				
1	**Ebersecken**	Frey J., St-Urban	Achermann Anton, Frohnhofen, Richental	30	7	208
2	**Eichberg**	Wey Joh., syndic, Gunzwil	Helfenstein-Stofer B., Horlachen, Sempach	12	3	154
3	**Ettiswil**	Theiler Jos., Ilge	Schwegler Jos	18	2	85
4	**Hergiswil près Willisau**	Grüter J., Spitzacher	Wiprächtiger W.	48	2	128

No.	Syndicats	Président	Secrétaire	Nombre de membres	Animaux inscrits au registre: mâles	Animaux inscrits au registre: femelles
5	Luthern	Birrer Joh., Flühlen, Hofstatt	Lustenberger Isidor, Walsburg	20	2	82
6	Malters-Littau	Kipfer Peter, Margelhof, Hellbühl	Joss Fritz, Zinggen, Hellbühl	8	1	90
7	Marbach	Lötscher Fr. Jos., Betr.-Beamter	Wigger Stephan, Sieberslehn	16	3	137
8	Menzberg	Knuchel Joh., Tudensee, Menznau	Fankhauser B., Lachenweid, Willisauland	11	1	64
9	Menznau-Wolhusen	Kreyenbühl Jos., député, Menznau	Knecht Joh., Neuhaus, Geiss bei Menznau	61	3	181
10	Reiden-Langnau-Dagmersellen	Häfliger Jos., syndic, Reiden	Meyer Josef, Seetal Reiden	25	2	71
11	Ruswil	Boog Josef, Bergen	Küng Franz, jun., Wolfsmatt	10	1	80
12	Sursee et environs	Zimmermann Dr., vétérinaire	Marbach Hans, St. Urbanhof	26	3	123
13	Willisau	Amrein Emil, Grossfeldmatt	Amrein Josef, Eimatt	23	4	115
14	Zell	Grob Jos., député, Ufhusen	Bernet Alois, syndic	16	6	122
		Canton de Soleure				
1	Allerheiligen près Hägendorf	Merz G., gérant	Bader G., Buchmatt, Langenbruck	9	2	84
2	Born	Studer Jos., Kappel	Lack Konrad, Kappel	11	1	61
3	Breitenbach	Kamber Joh.,	Wyss Otto	23	1	58
4	Brunnersberg et environs	Stettler Fr., Brunnersberg, Ramiswil	Egli M., Brunnersberg, Ramiswil	8	1	22
5	„Burg" Lostorf	Mollet Fritz, Lostorf	Walser Wilh., Wisen	24	3	141
6	Egerkingen	Flury Ad.	Remund Otto	18	1	72
7	Erschwil	Erzer Albert, Hinterbühl, Post Meltingen	Borer Richard	29	1	66
8	Fulenbach	Jæggi Simon	Nyffenegger Johann	28	2	92
9	Hägendorf	Kamber Magnus	Ackermann Emil	22	1	65
10	Kestenholz	Ingold Arnold	von Rohr Georg	21	3	114
11	Lommiswil	von Burg Peter	Noth-Müller Ernst	13	1	50
12	Luterbach et environs	Seitz Aug., gérant, Schachen, Deitingen	Flury Herm., Deitingen	16	3	115
13	Lüterkofen-Ichertswil	Furrer Jean, député, Lüterkofen	Ingold Hans, Lüterkofen	15	5	109
14	Matzendorf	Wyss Arnold	Flury Otto	18	2	77
15	Messen et environs	Kunz Fritz	Dick Ernst, Balm	26	1	68
16	Mittelbucheggberg	Fälmi Ernst, Tscheppach	Sieber Alex., Aetigkofen	12	1	56
17	Mümliswil-Ramiswil	Hänzi Arnold, Mümliswil	Meier Albert, Mümliswil	31	2	90
18	Niederbuchsiten	Uebelhard Georg	Kissling Josef	18	2	105
19	Oberbuchsiten	Motschi Gustav	Studer Wilhelm	15	1	55
20	Oensingen	Bobst Pius	Pfluger Viktor	18	3	96
21	Olten et environs	Willener-Wyss Ad. zum Pflug	Willener Hans	19	3	98
22	Riedholz	Remund Leo	Müller Adolf, fils	21	2	105
23	Rüttenen	Allemann Leo	Marti Walter	20	2	98
24	Schnottwil	Schluep Fritz, député	Schluep Ernst, auf dem Feld	14	2	101

25	Selzach	Affolter Niklaus	Lehmann Hermann	23	3	125
26	Soleure et environs	Gerber F J., Emmenholz, Zuchwil	Gerber P. Ab., fils, Brestenberg, Riedholz	7	4	167
27	Solothurnisches Leimenthal	Kamber Leo, Metzerlen	Stocker Wilhelm, Mariastein	30	6	60
28	Wangen près Olten	Jakob Friedrich, Grubacker	Husy Julian	25	3	91
29	Welschenrohr	Läuffer Otto	Allemann Arthur	20	1	65
30	Winznau	Grob A., maire	von Arx Albert	18	1	50
31	Wolfwil	Rauber Guido	Bruder Ernst	25	2	68

Canton de Bâle-Ville

1	Riehen et environs	Loosli-Walther J.. Bäumlihof, Riehen b. Basel	Haas-Mundwiler V., Unterer Rheinw. 70, Basel	19	6	116

Canton de Bâle-Campagne

1	Bubendorf et environs	Salathe Friedr., Seltisberg	Vœgelin Robert, Bubendorf	29	4	117
2	Buus	Kaufmann-Weber Reinhard	Graf Wilhelm	37	2	114
3	Diegtertal	Stauffenegger Fritz, Post Tenniken	Dill-Nebiker G , Lenz près Diegten	18	2	92
4	Ergolztal	Spiess Hermann, Ormalingen	Rieder Ernst, Rothenfluh	48	1	67
5	Langenbruck et environs	Dettwiler Ad., Bachtalen	Dettwiler Hans, Bachthalen	16	2	61
6	Pratteln	Schneider-Durr Jakob	Pfirter Emil	25	1	50
7	Reigoldswil et environs	Rudin Joh., March bei Titterten	Preiswerk Karl, «Goris»	31	2	110
8	Sissach et environs	Horand Hans	Fiechter Emil	39	1	60
9	Waldenburgertal	Ast Ad., conseiller national, Niederdorf	Wisler Fritz, Breiten, Niederdorf	44	2	124
10	Zeglingen et environs	Bider Arnold	Buess Walter, Wenslingen	25	1	61

Canton de Neuchâtel

1	Boudry-Est	Borel Ed., Dr., Perreux sur Boudry	Perrochet Jean François, Auvernier	55	3	193
2	District de Neuchâtel	Droz Alphonse, Cornaux	Krebs Hermann, Le Buisson, St. Blaise	25	2	60
3	La Chaux-de-Fonds	Beck G. Arnold, Chemin des Tunnels	Kaufmann Charles, Bas Monsieur	121	6	200
4	La Chaux-du-Milieu	Brunner Edgar	Brunner Louis-Edgar	34	3	102
5	La Côte-aux-Fées et Monts	Lambelet Alcide, Côte-aux-Fées	André Numa, Côte-aux-Fées	97	1	54
6	La Béroche	Borel Paul, Vaumarcus	Woiblet Georges, St-Aubin	101	4	274
7	La Brévine	Grether Alexandre	Gretillat Georges, Combe de la Racine, La Châtagne	27	4	120
8	La Sagne	Botteron Charles, Sagne Eglise	Vuille-Perret, Paul	71	2	202
9	Les Ponts et Brot-Plamboz	Perrin Arnold, La Tourne	Vuille Samuel, Ponts-de-Martel	26	3	84
10	Lignières	Bonjour César	Bonjour-Junod Ernest	38	3	70
11	Le Locle, Brenets et environs	Zingrich Jean, Beauregard, Le Locle	Pellaton Georges, Argillat 4, Le Locle	85	2	124
12	Val-de-Ruz	Favre Paul, Chézard	Pétremand Willy, Cernier	141	20	402
13	Val-de-Travers Bas-Vallon	Borel Virgile, Couvet	Béguin Charles, Couvet	20	5	80
14	Verrières, les	Landry-Borel A.	Guye-Wyss G.	42	1	66

Canton de Genève

1	Anières-Corsier-Collonge-Hermance et Meinier	Chollet Paul, Anières	Chollet Louis, Merlinge par Gy	46	4	84
2	Céligny	Chenevière Fernand, Petite Coudre	Pradervand David, La Coudre	15	2	54

No.	Syndicats	Président	Secrétaire	Nombre de membres	Animaux inscrits au registre	
					mâles	femelles
3	Champagne, la	Wuarin Georges, Cartigny	Desbaillet Victor, Avully	32	—	77
4	Collex-Bossy-Versoix	Piccot Eugène, St-Loup sur Versoix	Cusin Henri, Collex	35	7	122
5	Dardagny-Russin	Desbaillet Paul, Russin	Hutin Louis, Dardagny	31	3	149
6	Genthod-Bellevue	Girardet Emile, Colovrex-Bellevue	Pellarin Ed., rue du Mont Blanc 19, Genève	17	4	109
7	Jussy et environs	Micheli Jules	Monnet Adolphe	38	3	105
*8	Meyrin et environs	Moret Marc	Biéler R.	31	3	70
9	Saconnex-Pregny	Marti Fritz. Petit-Saconnex	Marti Paul, Vernier	33	6	142
10	Satigny	Lagrange Louis, Pessey	Chanson Albert, Taboret	28	5	120
11	Plan-les Ouates et environs	Saxond François, Saconnex d'Arve	Humbert Ernest, Saconnex d'Arve	45	3	46
12	Puplinge-Presinge-Thônex	Garin Ed., Puplinge	Garin Lucien, Puplinge	16	5	92
13	Vandœuvres-Cologny-Choulex-Eaux-Vives-Les Carres	Girardet Charles, Choulex	Girardet Fernand, Choulex	25	2	85
14	Vernier et environs	Pattey André	Bondat Louis	31	2	53
15	Veyrier-Troinex et environs	Audéoud Adolphe, Conches	Zahnd Jean, Chêne-Bougeries	26	5	114
		Canton du Valais				
1	Ausserberg	Leiggener Josef	Martig Josef	21	1	75
2	Collonges	Blanchut François	Pochon Marcel	20	2	40
3	Daviaz	Biolley Alexis	Jordan Henri	28	1	82
4	Eischoll	Sterren Franz	Amacker Theodor	45	3	87
5	Evionnaz	Vacant	Maret Joseph	34	2	63
6	Ferden	Bellwald Franz, Sohn	Werlen Alfred	22	1	49
7	Gampel	Schnyder Franz	Hildbrand Fabian	34	1	74
8	Grächen	Walter Cäsar	Andenmatten Julius	31	2	30
9	Leuk und Leukergrund	Schmidt Anton, Briannen, Leuk	Pfammatter Walter, Leuk	32	1	82
10	Liddes	Lattion Emile	Darbellay Ernest, Fontaine	73	1	95
11	Martigny-Bâtiaz	Rouiller Paul, Martigny-Ville	Rouiller Joseph, Martigny-Ville	31	1	78
12	Monthey	Anker César	Faigaux Paul	35	6	102
13	Niedergesteln	Seiler Augustin	Steiner Jean	23	1	52
14	Ober-Ems	Hischier Leo, Lehrer	Bregy Karl	25	1	45
15	Sierre	Haldi E., directeur	Morand Paul	5	1	19
16	St-Maurice	Juillaud Henri	Coutaz Maurice, Les Cases	50	2	91
17	Törbel	Lorenz Paul	Schaller Joh.	30	3	75
18	Troistorrents	Dubosson Adolphe	Morisod Marcelin	33	10	81
19	Turtmann	Telifer Kaspar	Kalbermatten Josef	44	3	62
20	Unterbäch	Zenhäusern Joh. Jos.	Fogel Peter	27	1	59

21	Val d'Illiez	Gex-Fabry Gabriel	Défago Adolphe	25	4	72
22	Varen-Inden	Plaschy Peter, Varen	Lorétan Armand, dipl. agr., Inden	37	3	71
23	Vernayaz	Uldry Julien, „Miéville"	Bochatay Pierre-Marie	52	2	50
24	Vérossaz	Contaz Alexis	Fellay Frédéric	21	2	60
25	Vionnaz	Vannay Maurice	Vannay Antoine	20	2	32
26	Vouvry	Pot Eugène	Coppet Adrien	33	2	69
27	Wiler	Rider Josef	Roth Martin	50	1	70

L'astérisque * signifie que les informations ont été tirées du rapport de l'année passée.

www.ingramcontent.com/pod-product-compliance
Ingram Content Group UK Ltd.
Pitfield, Milton Keynes, MK11 3LW, UK
UKHW020336180726
13839UKWH00002B/734

9 782329 197869